小学4年生 言葉と文法《ぶんぽう》にぐーんと強くなる

目次

この本の使い方

- 1回から順《じゅん》に、学習しましょう。
- 問題に入る前に、まとめコーナーを読みましょう。
- 問題は、**1**から順《じゅん》にやります。
- 答え合わせをして、点数をつけます。つけ方がわからないときはおうちの方に見てもらいましょう。
- まちがえたところを直して、100点にしたら終わりです。

JN050582

※「カタカナ」は、本来「かたかな」と表記しますが、本書では「カタカナ」と表記しています。

KUMON

1 仲間《なかま》の言葉①

とく点

点

関係《かんけい》のある言葉①

関係《かんけい》のある言葉を仲間《なかま》に分けて覚《おぼ》えましょう。

衣食住《いしょくじゅう》に関係《かんけい》のある言葉

おぼえよう

地理に関係《かんけい》のある言葉
都道府県《とどうふけん》・市区町村・市部・郡部《ぐんぶ》
陸地《りくち》・海岸・漁港《ぎょこう》・灯台《とうだい》・牧場《ぼくじょう》・森林

交通に関係《かんけい》のある言葉
道路・交差点《こうさてん》・信号《しんごう》・歩道
バス停《てい》・駅・改札《かいさつ》・列車・航空機《こうくうき》

体に関係《かんけい》のある言葉
目・鼻・口・手・足・指・皮・食道
胃腸《いちょう》・消化器官《しょうかきかん》・血管《けっかん》・脈《みゃく》・健康《けんこう》

お金に関係《かんけい》のある言葉
千円札《せんえんさつ》・一万円・一億円《いちおくえん》・一兆円《いっちょうえん》
料金《りょうきん》・代金・費用《ひよう》・貯金《ちょきん》・借金《しゃっきん》・金貨《きんか》

1 ［　］から、仲間《なかま》でない言葉を一つずつ選《えら》んで、◯で囲《かこ》みましょう。（一つ6点）

(1) 道路・信号《しんごう》・交差点《こうさてん》・（先生）

(2) ご飯《はん》・栄養《えいよう》・野菜《やさい》・海岸

(3) 歩道・食道・胃腸《いちょう》・口

(4) 千円札《せんえんさつ》・一億円《いちおくえん》・金曜日・金貨《きんか》

(5) 陸地《りくち》・列車・森林・谷間

2 □と同じ仲間《なかま》の言葉を、[ ]から選《えら》んで書きましょう。（一つ6点）

(1) 千円・一億円《いちおくえん》 一兆円《いっちょうえん》 → （一万円）

(2) 足・せなか 頭 → （　）

(3) 浴室《よくしつ》・便所《べんじょ》 げん関《かん》 → （　）

(4) 列車・線路 改札《かいさつ》 → （　）

(5) 都道府県《とどうふけん》 郡部《ぐんぶ》 → （　）

鼻・駅・台所
一万円・市区町村

3 次の□に関係《かんけい》のある言葉を下から選《えら》んで、——で結《むす》びましょう。（一つ8点）

(1) 体・　　・ア 代金・費用《ひよう》・貯金《ちょきん》

(2) 地理・　　・イ 口・鼻・食道・胃腸《いちょう》

(3) 衣食住《いしょくじゅう》・　　・ウ 衣類《いるい》・ご飯《はん》・家具

(4) お金・　　・エ 森林・海岸・牧場《ぼくじょう》

4 （　）に合う仲間《なかま》の言葉を、[ ]から選《えら》んで書きましょう。（一つ8点）

交通……
- 道路・バス停《てい》・車・航空機《こうくうき》・空港
- （　）・改札《かいさつ》・列車

森林・食道・台所・信号《しんごう》

② 仲間《なかま》の言葉②

関係《かんけい》のある言葉②

1回（2ページ）のほかにも、仲間《なかま》の言葉があります。

おぼえよう

心・気持ちに関係《かんけい》のある言葉
悲しい・苦しい・泣《な》く・幸せ・笑《わら》う
喜《よろこ》ぶ・感動・愛《あい》・勇気《ゆうき》・反省《はんせい》・残念《ざんねん》
積極的《せっきょくてき》・消極的《しょうきょくてき》・無関心《むかんしん》・熱心《ねっしん》・自信《じしん》

工業に関係《かんけい》のある言葉
工場・労働《ろうどう》・生産《せいさん》・原料《げんりょう》・加工《かこう》・機械《きかい》

社会・政治《せいじ》に関係《かんけい》のある言葉
市民《しみん》・市長・知事・選挙《せんきょ》・投票《とうひょう》・公約《こうやく》
大臣《だいじん》・長官《ちょうかん》・国会議事堂《こっかいぎじどう》・法《ほう》りつ
平和・戦争《せんそう》・兵器《へいき》・兵隊《へいたい》・軍隊《ぐんたい》

1 ｛　｝から、仲間《なかま》でない言葉を一つずつ選《えら》んで、〇で囲《かこ》みましょう。（一つ4点）

(1) ｛生徒《せいと》・登校　北風・名札《なふだ》｝

(2) ｛工場・元気　機械《きかい》・生産《せいさん》｝

(3) ｛市民《しみん》・市長　知事・古本｝

(4) ｛汽車・幸せ　愛《あい》・勇気《ゆうき》｝

(5) ｛体育・国語　勉強・平和｝

とく点　　点

2 □と同じ仲間《なかま》の言葉を、［　］から選《えら》んで書きましょう。（一つ7点）

(1) 楽しい・泣《な》く
喜《よろこ》ぶ
↓
（　　　）

(2) 勉強・登校
卒業式《そつぎょうしき》
↓
（　　　）

(3) 加工《かこう》・生産《せいさん》
機械《きかい》
↓
（　　　）

(4) 投票《とうひょう》・選挙《せんきょ》
公約《こうやく》
↓
（　　　）

体育・工場
市長・悲しい

3 次の□に関係《かんけい》のある言葉を下から選《えら》んで、——で結《むす》びましょう。（一つ7点）

(1) 学校 ・　　・ア 知事・市民《しみん》・市長

(2) 社会・政治《せいじ》 ・　　・イ 生産《せいさん》・機械《きかい》・工場

(3) 心・気持ち ・　　・ウ 愛《あい》・勇気《ゆうき》・熱心《ねっしん》

(4) 工業 ・　　・エ 卒業式《そつぎょうしき》・入学式

4 （　）に合う言葉を、［　］から選《えら》んで書きましょう。（一つ8点）

(1) 遠足に行けなくて（　　　）だ。

(2) 自分のあやまちを（　　　）する。

(3) 詩を読んで、とても（　　　）した。

残念《ざんねん》・感動・勇気《ゆうき》・反省《はんせい》

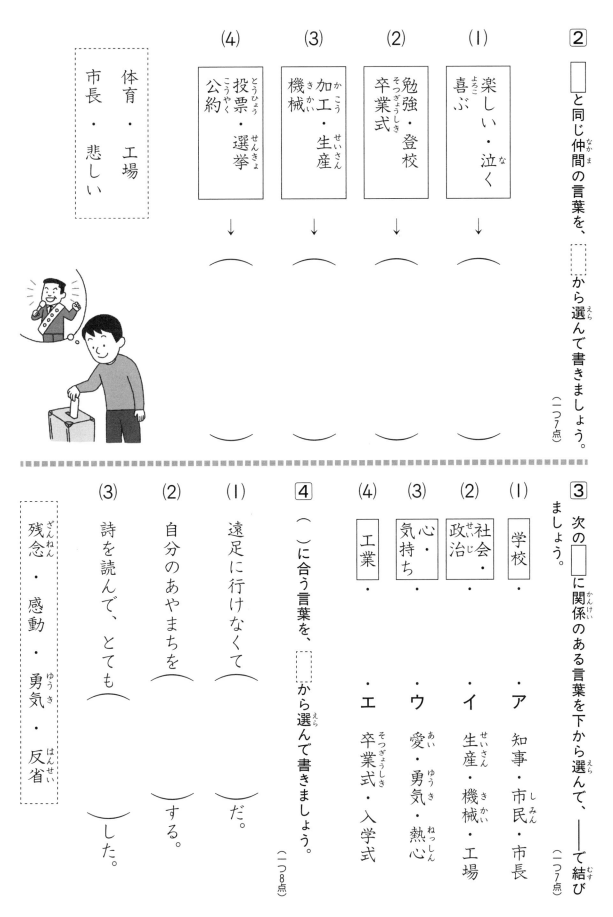

③ 反対の意味の言葉

反対の意味を表す言葉

言葉の中には、反対の意味を表すものがあります。

おぼえよう

- 暑い季《き》節《せつ》。↔寒い季《き》節《せつ》。
- 浅《あさ》い川。↔深い川。
- 軽い荷物。↔重い荷物。
- 高いビル。↔低《ひく》いビル。
- 試《し》合《あい》に勝つ。↔試《し》合《あい》に負ける。
- 月が満《み》ちる。↔月が欠《か》ける。
- 大会が始まる。↔大会が終わる。
- バスに乗る。↔バスをおりる。
- 成功《せいこう》。↔失敗《しっぱい》。
- 得意《とくい》な教科。↔苦手な教科。
- へいの内側《うちがわ》。↔へいの外側《そとがわ》。

1 □と反対の意味の言葉を、[　]から選《えら》んで書きましょう。（一つ6点）

(1) 暑い ↔ （　　）

(2) 低《ひく》い ↔ （　　）

(3) 勝つ ↔ （　　）

(4) 始まる ↔ （　　）

(5) 乗る ↔ （　　）

(6) 得意《とくい》 ↔ （　　）

高い・負ける・苦手
終わる・寒い・おりる

とく点　　点

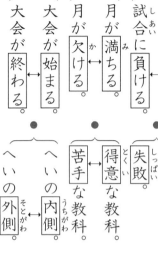

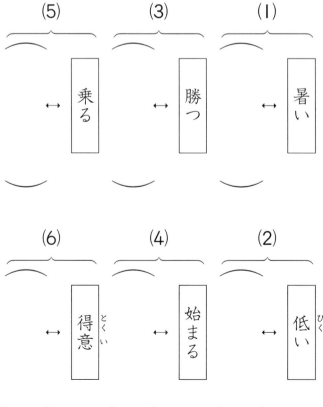

2 □と反対の意味の言葉を、（　）に書きましょう。（一つ6点）

(1) 重い 荷物を持つ。
↔
（　　　　）かばんを買う。

(2) 今年《ことし》の夏は、とても 暑い。
↔
北海道《ほっかいどう》は、九州《きゅうしゅう》よりも（　　　　）。

(3) 四月から、学校が 始まる。
↔
父の仕事は、六時に（　　　　）。

(4) ゲームで、姉に 勝つ。
↔
野球の試合《しあい》に（　　　　）。

3 □の反対の意味の言葉を使って、絵に合う文を二つ書きましょう。（二つの文を書いて一つ10点）

かす↔借《か》りる

わたしは本をかす。

田中さんは本を借りる。

おりる↔乗る

ぼくはバスを

女の子は

重い↔軽い

わたしは重い箱を持つ。

妹は

熱《あつ》い↔冷《つめ》たい

ぼくは

父は

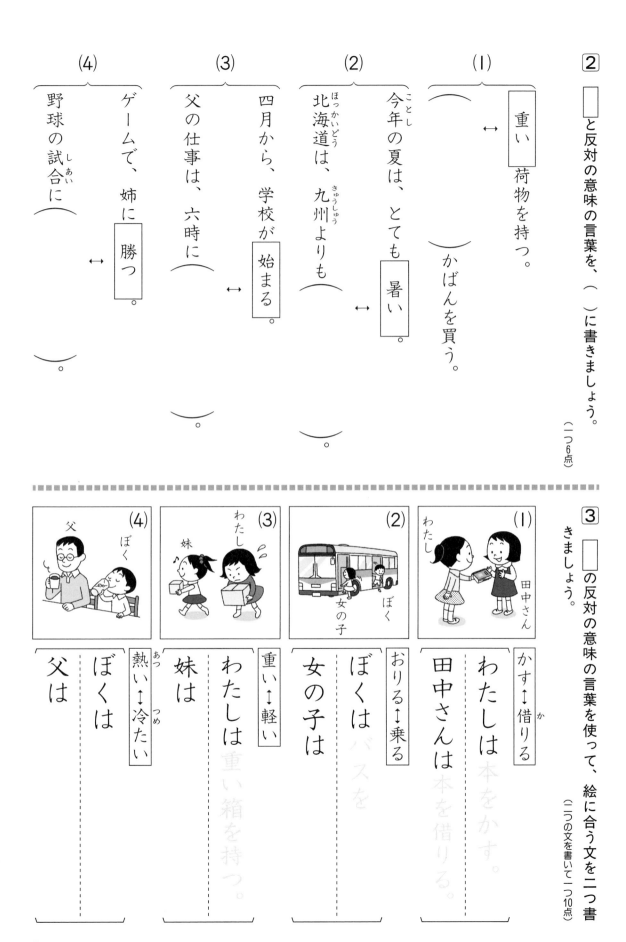

4 にた意味の言葉

にた意味を表す言葉

言葉の中には、にた意味を表すものがあります。

楽しい
おもしろい
ゆかい

さけぶ
どなる
わめく

児童《じどう》
生徒《せいと》

おぼえよう

- 言う
話す
しゃべる
語る
のべる

- 冷《ひ》やかす
からかう

- 伝《つた》える
知らせる
告《つ》げる
連《れん》らくする

- 好《す》く
愛《あい》する
かわいがる

- きらい
にくい
気に入らない

- 負ける
敗《やぶ》れる

- 欠点《けってん》
短所

1 □とにた意味の言葉を、○で囲《かこ》みましょう。（一つ4点）

(1) 弟と［話す］。
にぎる
（しゃべる）

(2) ペットのねこを［愛《あい》する］。
かわいがる
からかう

(3) 戦《たたか》いに［敗《やぶ》れる］。
勝つ
負ける

(4) 気持ちを［伝《つた》える］。
告《つ》げる
起きる

(5) ［欠点《けってん》］を直す。
短所
長所

とく点
点

2 □とにた意味の言葉を、□から選《えら》んで書きましょう。（一つ10点）

(1) 伝《つた》える…（　　）

食べる・知らせる・受け取る

(2) 言う…（　　）

買う・しゃべる・ねる

(3) きらい…（　　）

にくい・苦しい・悲しい

(4) さけぶ…（　　）

ささやく・聞く・どなる

3 □とにた意味の言葉を、□から選《えら》んで書きましょう。（一つ10点）

(1) 友だちがぼくを冷《ひ》やかす。（　　）

(2) 歌うことは、とても楽しい。（　　）

(3) 親が、子どもを愛《あい》する。（　　）

(4) 学級会で、自分の考えをのべる。（　　）

おもしろい・話す
からかう・かわいがる

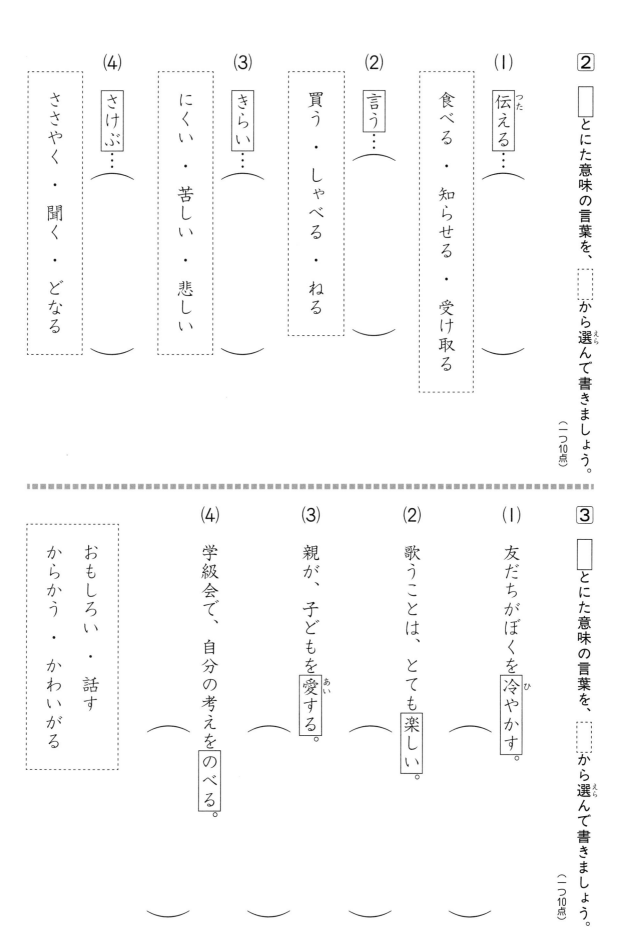

5 ふく習《しゅう》ドリル①

1 □と同じ仲間《なかま》の言葉を、⬚から選《えら》んで書きましょう。（一つ5点）

(1) 信号《しんごう》・歩道　交差点《こうさてん》
↓（　　　）

(2) 口・食道　消化器官《しょうかきかん》
↓（　　　）

(3) 森林・牧場《ぼくじょう》　陸地《りくち》
↓（　　　）

(4) 一万円・千円　一億円《いちおくえん》
↓（　　　）

海岸・台所・道路
血管《けっかん》・一兆円《いっちょうえん》

2 □と同じ仲間《なかま》の言葉を、⬚から選《えら》んで書きましょう。（一つ5点）

(1) 学級委員　給食《きゅうしょく》・欠席《けっせき》
↓（　　　）

(2) 軍隊《ぐんたい》・兵器《へいき》　戦争《せんそう》
↓（　　　）

(3) 機械《きかい》・加工《かこう》　生産《せいさん》
↓（　　　）

(4) 幸せ・悲しい　喜《よろこ》ぶ
↓（　　　）

兵隊《へいたい》・工場・登校
笑《わら》う・バス停《てい》

とく点
点

3 □と反対の意味の言葉を、□から選《えら》んで書きましょう。（一つ6点）

(1) 重い ↔ （　　）

(2) 暑い ↔ （　　）

(3) 高い ↔ （　　）

(4) 終わる ↔ （　　）

(5) 負ける ↔ （　　）

(6) 得意《とくい》 ↔ （　　）

寒い・勝つ・軽い
低《ひく》い・苦手・始まる

4 □とにた意味の言葉を、□から選《えら》んで書きましょう。（一つ6点）

(1) 友だちと話すのは［おもしろい］。（　　）

(2) 自分の気持ちを［伝《つた》える］。（　　）

(3) ぼくは、この服が［気に入らない］。（　　）

(4) 一回戦《いっかいせん》で［負ける］。（　　）

きらい・楽しい
敗《やぶ》れる・知らせる

⑥ 動きや様子を表す言葉①

動きを表す言葉・様子を表す言葉

① 動きを表す言葉。

紙に書く。

紙を切る。

紙を折《お》る。

おぼえよう

- 車に乗る。
- 友人と遊ぶ。
- 球を投げる。
- 土を運ぶ。
- 会社で働《はたら》く。
- 花を育てる。

② 様子を表す言葉。

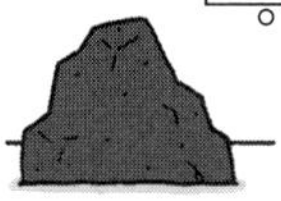
岩は黒い。

岩は重い。

岩は大きい。

おぼえよう

- 冬は寒い。
- 雨が冷《つめ》たい。
- ゲームは楽しい。
- 足が速い。
- ひもが短い。
- 花は美しい。

1 文に合う言葉を選《えら》んで、〇で囲《かこ》みましょう。（一つ4点）

(1) ノートに字を｛書く・話す｝。

(2) バス停《てい》で、バスに｛走る・乗る｝。

(3) 父は、町工場で｛働《はたら》く・開く｝。

(4) ダイヤモンドは、とても｛速い・美しい｝。

(5) ぼくの妹は、足が｛速い・暗い｝。

とく点　　点

2 （　）に合う言葉を□から選《えら》んで書きましょう。（一つ10点）

(1) トラックで、荷物を（　　　）。

投げる・運ぶ・起きる

(2) 畑で、野菜《やさい》を（　　　）。

働《はたら》く・遊ぶ・育てる

(3) 夕《ゆう》焼《や》けの空が（　　　）。

白い・美しい・短い

(4) 友だちと話すのは（　　　）。

楽しい・大きい・冷《つめ》たい

3 □の言葉を使って、絵に合う文を作りましょう。（一つ10点）

(1) 書く

ぼくは日記を　書く。

(2) 遊ぶ

わたしは

(3) 速い

たかし君は

(4) 短い

まりさんは

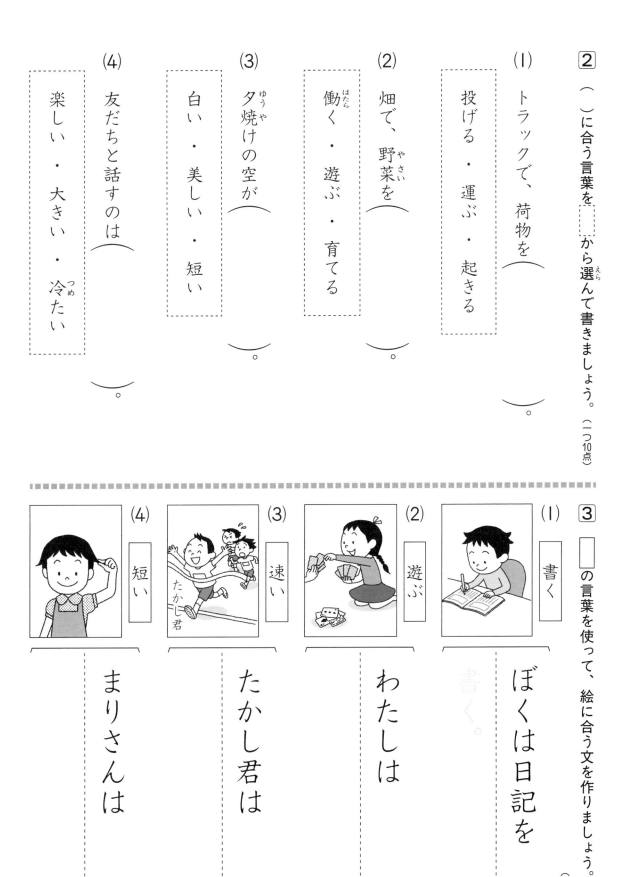

⑦ 動きや様子を表す言葉②

動きを表す言葉の形の変わり《か》方

文の中での使い方によって、動きを表す言葉の形が変《か》わります。

水を［飲］まない。
水を［飲］みます。
水を［飲］む。
水を［飲］めば、
水を［飲］もう。
水を［飲］んだ。

大声で［泣《な》］かない。
大声で［泣《な》］きます。
大声で［泣《な》］く。
大声で［泣《な》］けば、
大声で［泣《な》］こう。
大声で［泣《な》］いた。

おぼえよう

● ごみを
［拾］わない。
［拾］います。
［拾］う。
［拾］えば、
［拾］おう。
［拾］った。

● プールで
［泳］がない。
［泳］ぎます。
［泳］ぐ。
［泳］げば、
［泳］ごう。
［泳］いだ。

1 次の言葉を、□に合う形で書きましょう。（一つ4点）

(1) 話す
話［さ］ない。
話［し］ます。
話［そ］う。

(2) 遊ぶ
遊［ば］ない。
遊□ば、
遊［ん］だ。

(3) 走る
走□ない。
走□ます。
走［っ］た。

(4) 動く
動□ない。
動□ば、
動□う。

とく点
点

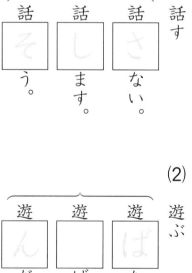

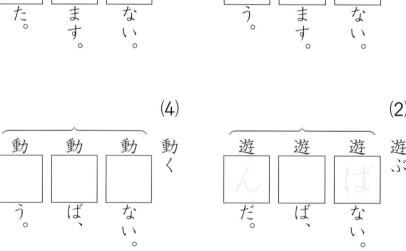

2 〈　〉の言葉を、文に合う形に変《か》えて、（　）に書きましょう。（一つ4点）

(1) 〈拾う〉
公園で、百円玉を（　　）た。

(2) 〈待つ〉
あと十分（　　）ば、母が来る。

(3) 〈返す〉
借《か》りた物は、ちゃんと（　　）う。

(4) 〈住む〉
今日《きょう》から、この町に（　　）ます。

(5) 〈泳ぐ〉
昨日《きのう》、体育のじゅ業《ぎょう》で（　　）だ。

3 〈　〉の言葉を、文に合う形に変《か》えて、（　）に書きましょう。（一つ4点）

(1) 〈包《つつ》む〉
プレゼントを（　　）ます。
ふろしきで（　　）だ。

(2) 〈送る〉
手紙を（　　）ば、きっと喜《よろこ》ぶ。
荷物を（　　）ない。

(3) 〈使う〉
図工で、はさみを（　　）た。
日本人は、はしを（　　）ます。

(4) 〈守る〉
約束《やくそく》を（　　）ない人は、いやだ。
学校の決まりを（　　）う。

8 動きや様子を表す言葉③

様子を表す言葉の形の変《か》わり方

文の中での使い方によって、様子を表す言葉の形が変《か》わります。

駅は［近かっ］た。
駅は［近く］ない。
引っこしをして、駅が［近く］なる。
［近い］駅。
駅は［近い］ので、歩く。
駅が［近けれ］ば、とてもうれしい。

おぼえよう

- ［美しかっ］た。
- ［美しく］ない。
- ［美しく］なる。
- ［美しい］花。
- ［美しい］ので、
- ［美しけれ］ば、

- ［冷《つめ》たかっ］た。
- ［冷《つめ》たく］ない。
- ［冷《つめ》たく］なる。
- ［冷《つめ》たい］ジュース。
- ［冷《つめ》たい］ので、
- ［冷《つめ》たけれ］ば、

1 次の言葉を、□に合う形で書きましょう。（一つ4点）

(1) 軽い
- 軽［か］［っ］た。
- 軽［く］ない。
- 軽［け］［れ］ば、

(2) 冷《つめ》たい
- 冷《つめ》た［ ］［ ］た。
- 冷《つめ》た［ ］ない。
- 冷《つめ》た［ ］水。

(3) 寒い
- 寒［ ］［ ］た。
- 寒［ ］ない。
- 寒［ ］ので、

(4) 苦しい
- 苦し［ ］［ ］た。
- 苦し［ ］ない。
- 苦し［ ］［ ］ば、

とく点　　点

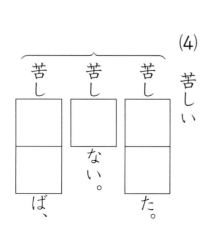

2 〈 〉の言葉を、文に合う形に変《か》えて、（ ）に書きましょう。（一つ4点）

(1) 〈安い〉
もっとねだんが（　　　）ば、うれしい。

(2) 〈悪い〉
気分が（　　　）ので、早く帰ります。

(3) 〈親しい〉
みかさんは、（　　　）友だちです。

(4) 〈美しい〉
姉のドレスが（　　　）た。

(5) 〈暗い〉
街灯《がいとう》があれば、（　　　）ない。

3 〈 〉の言葉を、文に合う形に変《か》えて、（ ）に書きましょう。（一つ4点）

(1) 〈近い〉
デパートは、駅から（　　　）た。
もし（　　　）ば、歩きます。

(2) 〈暑い〉
去年の夏は、（　　　）た。
（　　　）ば、上着をぬぎなさい。

(3) 〈明るい〉
外に出て、（　　　）月を見る。
この照明《しょうめい》は、（　　　）ない。

(4) 〈苦しい〉
むねが（　　　）た。
水中で、息が（　　　）なる。

9 動きの様子をくわしくする言葉

動きの様子をくわしくする言葉

動きを表す言葉を、くわしくする言葉があります。

だれかが、かたを**トントン**たたいた。
わたしは**すぐに**起きた。
となりで、妹が**すやすや**ねむっていた。

トントンはたたいた様子を、**すぐに**は起きた様子を、**すやすや**はねむっていた様子をくわしく表します。また、音や声を表す言葉は、カタカナで書きます。

おぼえよう

- 波が**ザブーン**とおしよせる。
- ねずみが**チューチュー**鳴く。
- ゆかが**つるつる**すべる。
- 夜空の星が**きらきら**光る。
- ドアのかぎを**しっかり**しめる。
- 父は**いつも**バスに乗る。
- ぼくは**ときどき**歌の歌《か》しをわすれる。

とく点　　点

1 絵に合う様子を表す言葉を、○で囲《かこ》みましょう。（一つ6点）

(1)

ひよこが｛ピヨピヨ（○）／ポリポリ｝鳴く。

(2)
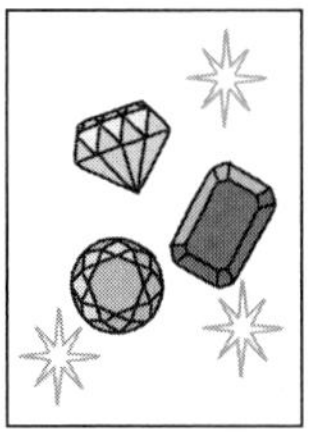
ほう石《せき》が｛きらきら／くるくる｝光る。

(3)

象《ぞう》が｛ゆっくり／はっきり｝歩く。

(4)

ねこが｛とうとう／とても｝好《す》きだ。

(5)

姉は｛いつも／とても｝七時に起きる。

2 （　）に合う言葉を［　］から選《えら》んで書きましょう。（一つ5点）

(1) 雨が（　　　　　）ふる。

(2) 氷の上は、（　　　　　）すべる。

(3) 牧場《ぼくじょう》で、羊が（　　　　　）鳴く。

(4) コップに、麦茶を（　　　　　）入れる。

(5) 風船が、空を（　　　　　）飛《と》ぶ。

(6) まどガラスが（　　　　　）とわれる。

メーメー・たっぷり・ふわふわ
ザーザー・つるつる・ガチャン

3 〈　〉の言葉を使って、絵に合う文を作りましょう。（一つ10点）

(1) 〈ビュービュー〉

強い風が
ビュービューふく。

(2) 〈にっこり〉

小さな男の子が

(3) 〈ときどき〉

ぼくはときどき
絵を

(4) 〈いつも〉

わたしは
七時に

10 言葉のいろいろな使い方

言葉のいろいろな意味と使い方

同じ音でも、いろいろな意味がある言葉があります。

かべに絵をかける。
（ある場所にとめて、動かないようにする。）

たき火に水をかける。
（上から浴《あ》びせる。）

友だちに電話をかける。
（言葉などを発して相手によびかける。）

川に橋をかける。
（一方からもう一方へ、わたすように作る。）

◆かなで書くと同じでも、文の中で使われるとき、ちがう意味の言葉があります。

おぼえよう

●
- 皿を手にとる。（持つ。つかむ。）
- 朝食をとる。（食べる。）
- こん虫をとる。（つかまえる。）
- きのこをとる。（さがして集める。）

●
- えん筆《ぴつ》をあげる。（「あたえる」のていねいな言い方。）
- たこをあげる。（上の方に高くのぼらせる。）
- 例《れい》をあげる。（取り出してしめす。）
- 悲鳴をあげる。（声や音などを出す。）

1 ——の言葉の意味に合うほうに、◯をつけましょう。（一つ5点）

(1) レストランで夕食をとる。
（　）つかまえる。
（◯）食べる。

(2) 音楽会でバイオリンをひく。
（　）かなでる。えんそうする。
（　）引っぱって、自分の方によせる。

(3) カレンダーをかべにかける。
（　）物をとめて、動かないようにする。
（　）上から浴《あ》びせる。ふりまく。

(4) パンにジャムをつける。
（　）ある働《はたら》きを起こさせる。
（　）ある物に、ほかの物を加《くわ》える。

とく点
点

2 ——の言葉が同じ意味で使われている文を一つ選んで、◯をつけましょう。（一つ8点）

(1) 海岸で、花火をあげる。
（◯）大空に、たこをあげる。
（　）妹にプレゼントをあげる。

(2) ねている妹に、ふとんをかける。
（　）料理《りょうり》に時間をかける。
（　）本にカバーをかける。

(3) ランドセルに、教科書をいれる。
（　）鳥かごに、おうむをいれる。
（　）家に電話をいれる。

(4) きず口《ぐち》に薬をつける。
（　）船を岸につける。
（　）筆に絵の具をつける。

---

3 ——の言葉の意味をそれぞれ後の□から選《えら》んで、ア～ウの記号を書きましょう。（一つ8点）

(1)（　）家に電話をかける。
(2)（　）畑の野菜《やさい》に水をかける。
(3)（　）父は、庭の管理《かんり》にお金をかける。

ア　上から浴《あ》びせる。ふりまく。
イ　言葉などを発して相手によびかける。
ウ　使う。ついやす。

(4)（　）駅前に大きなビルがたつ。
(5)（　）悪口を言われて、はらがたつ。
(6)（　）先生によばれて、席《せき》をたつ。

ア　気持ち、感《かん》じょうがたかぶる。
イ　体を起こす。体を起こして動く。
ウ　建物《たてもの》がつくられる。

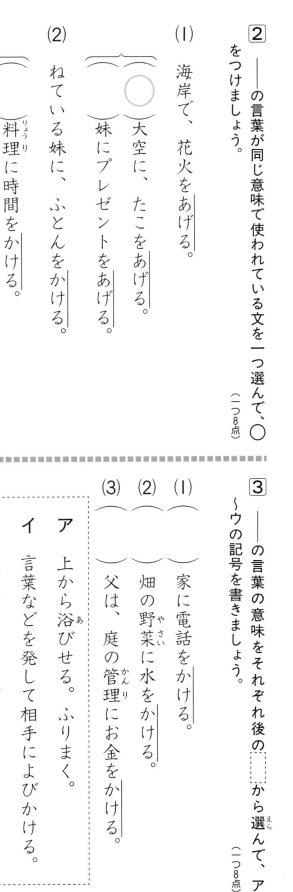

11 ふく習《しゅう》ドリル②

1 〈　〉の言葉を、文に合う形に変《か》えて、（　）に書きましょう。（一つ4点）

(1) 〈泳ぐ〉 学校のじゅ業《ぎょう》で（　　　）ます。

(2) 〈送る〉 荷物を家に（　　　）た。

(3) 〈使う〉 道具を（　　　）ば、生活が便利《べんり》になる。

(4) 〈遊ぶ〉 野原でたこあげをして（　　　）う。

(5) 〈動く〉 機械《きかい》がこわれて（　　　）ない。

---

2 〈　〉の言葉を、文に合う形に変《か》えて、（　）に書きましょう。（一つ4点）

(1) 〈安い〉
- この品物は（　　　）ない。
- （　　　）ので、たくさん買う。

(2) 〈暗い〉
- 夜になると、外が（　　　）なる。
- （　　　）ば、電灯《でんとう》をつけます。

(3) 〈親しい〉
- 昔から（　　　）た。
- 前の席《せき》の人と（　　　）なる。

(4) 〈美しい〉
- その花は（　　　）ない。
- （　　　）夕日に感動する。

とく点

点

3 （　）に合う言葉を、［　］から選《えら》んで書きましょう。（一つ4点）

(1) ドアを（　　）たたいた。

(2) ねこが（　　）鳴く。

(3) 弟は、ぼくを見て（　　）笑《わら》った。

(4) ふとんの中で、（　　）ねむる。

(5) たんぽぽのわた毛が（　　）飛《と》ぶ。

(6) こまが（　　）回る。

ふわふわ ・ ニャーニャー ・ すやすや
ドンドン ・ くるくる ・ にっこり

4 ――の言葉の意味をそれぞれ後の［　］から選《えら》んで、ア～ウの記号を書きましょう。（一つ4点）

(1)（　　）国旗《こっき》をあげて、記念日《きねんび》を祝《いわ》う。

(2)（　　）弟にえん筆《ぴつ》をあげる。

(3)（　　）とらがうなり声をあげる。

ア 音や声などを出す。
イ 上の方に高くのぼらせる。
ウ 「あたえる」のていねいな言い方。

(4)（　　）林でかぶと虫をとる。

(5)（　　）説明《せつめい》を聞きながら、メモをとる。

(6)（　　）つくえの上の本を手にとる。

ア 記録《きろく》する。
イ つかまえる。
ウ 持つ。つかむ。

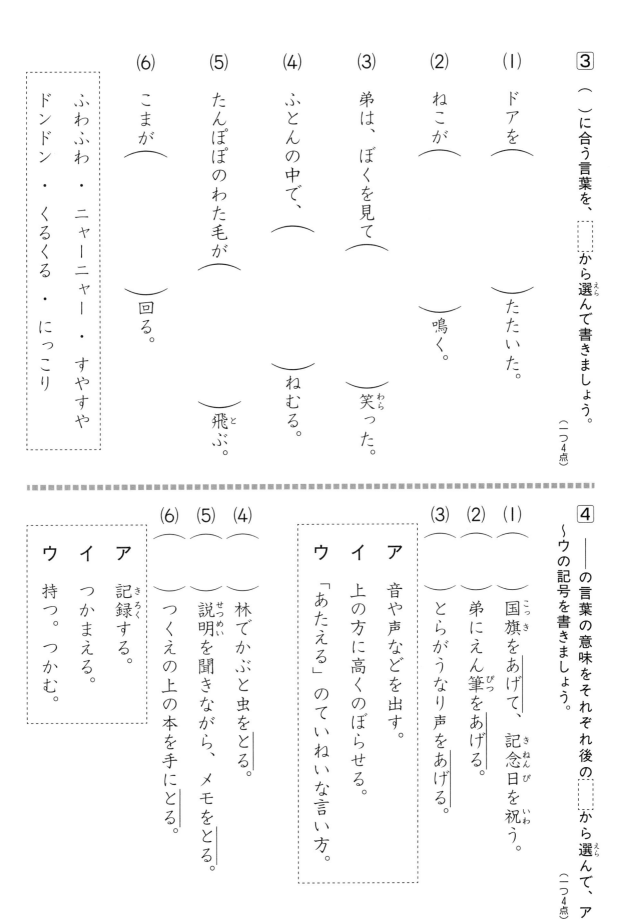

12 組み合わせた言葉①

言葉の組み立て

二つ以上《いじょう》の言葉が組み合わさって、一つの言葉になるものがあります。

「冬」と「休む」が組み合わさると、「冬休み」という言葉になります。

おぼえよう

- 指＋人形→指人形
- 水＋遊ぶ→水遊び
- 近い＋道→近道
- 青い＋信号《しんごう》→青信号《あおしんごう》
- 早い＋起きる→早起き
- 輪《わ》＋投げる→輪投《わな》げ
- 受ける＋取る→受け取る
- 暑い＋苦しい→暑苦しい
- 売る＋手→売り手
- 走る＋回る→走り回る
- 高い＋とぶ→高とび
- 消す＋ゴム→消しゴム

1 次の言葉を組み合わせて、一つの言葉を作りましょう。（一つ3点）

(1) 紙＋しばい→（紙しばい）

(2) 朝＋ご飯《はん》→（　　）

(3) 輪《わ》＋投《な》げる→（　　）

(4) 大きい＋男→（　　）

(5) 受ける＋入れる→（　　）

(6) とぶ＋はねる→（　　）

とく点　　点

2 □にあてはまる言葉を書きましょう。（一つ6点）

(1) □ ＋ 道 → 近道

(2) 赤い ＋ 信号《しんごう》 → □

(3) □ ＋ 流す → あらい流す

(4) 使う ＋ □ → 使い分ける

(5) 走る ＋ 回る → □

(6) 暑い ＋ □ → 暑苦しい

(7) 紙 ＋ □ → 紙コップ

3 〈　〉の言葉を使って、絵に合う文を作りましょう。（一つ10点）

(1) 〈飲み終える〉

弟はジュースを飲み終える。

(2) 〈とび下りる〉

(3) 〈走り回る〉

(4) 〈折《お》りたたむ〉

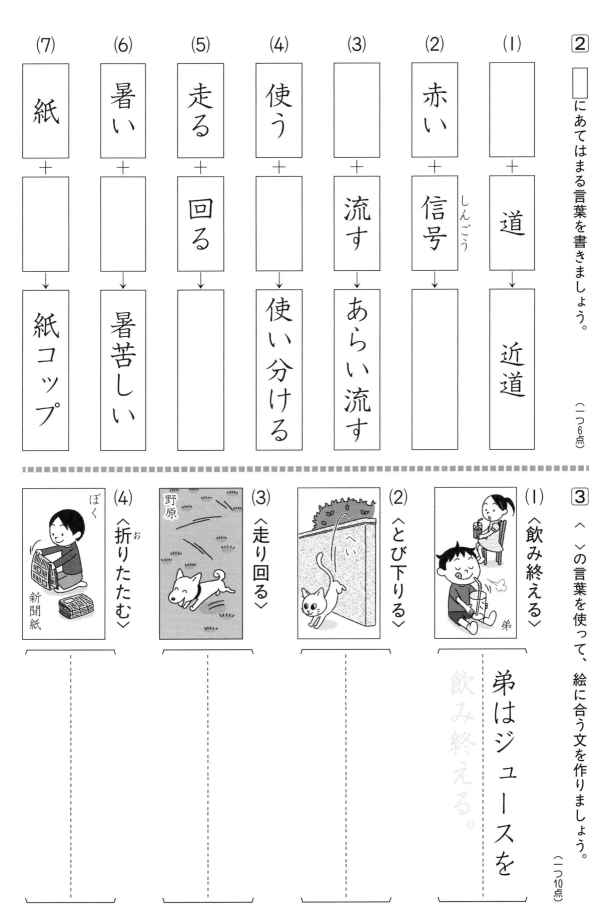

13

組み合わせた言葉②

音《おん》が変《か》わる言葉

組み合わさるときに、言葉の音《おん》が変《か》わるものがあります。

くすり＋はこ
（薬）（箱）
↓
○くすりばこ
×くすりはこ

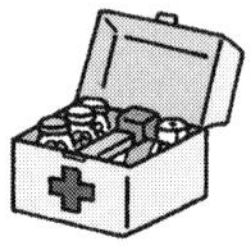

ふね＋たび
（船）（旅）
↓
○ふなたび
×ふねたび

「はこ」は、「は」がにごって「ば」に変《か》わります。「ふね」は、「ね」が「な」に変《か》わります。

おぼえよう

- いぬ＋こや→いぬごや（犬小屋）
- あおい＋そら→あおぞら（青空）
- あめ＋おと→あまおと（雨音）
- しろ＋なみ→しらなみ（白波）
- かぜ＋くるま→かざぐるま（風車）

1 組み合わせた言葉で、正しい音《おん》のほうを、○で囲《かこ》みましょう。（一つ5点）

(1) たから ＋ 箱 → たからはこ／たからばこ

(2) 雨 ＋ 雲 → あまぐも／あめくも

(3) 泣《な》く ＋ 声 → なくこえ／なきごえ

(4) 船 ＋ 旅 → ふなたび／ふねたび

(5) 笑《わら》う ＋ 顔 → わらいがお／わらうかお

(6) 足 ＋ ふむ → あしふみ／あしぶみ

とく点

点

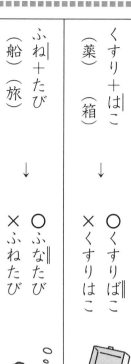

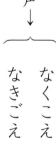

2 □にあてはまる言葉を、ひらがなで書きましょう。（一つ5点）

(1) かぜ ＋ くるま → かざぐるま

(2) うし ＋ □ → うしごや

(3) くち ＋ ふえ → □

(4) はな ＋ □ → はなばたけ

(5) あめ ＋ かさ → □

(6) くだる ＋ さか → □

(7) ながい ＋ □ → ながぐつ

3 次の言葉を組み合わせて、一つの言葉を作り、ひらがなで書きましょう。（一つ5点）

(1) 大きい ＋ 空 → おおぞら

(2) 金 ＋ 物 → □□□□

(3) 酒 ＋ 屋 → □□□

(4) 白 ＋ 波 → □□□□

(5) 風 ＋ 向き → □□□□

(6) 歌う ＋ 声 → □□□□

(7) 上る ＋ 坂 → □□□□□

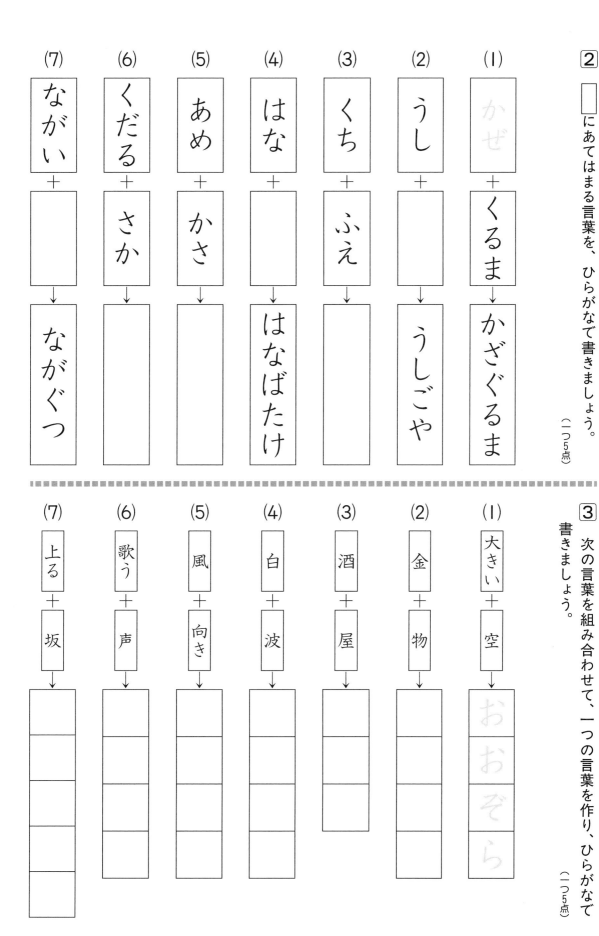

14 国語辞典《じてん》の使い方①

国語辞典《じてん》の言葉のならび方

①言葉のならび方。

あめ 
↓
かめ 
↓
さる 
↓
なみ 
↓
やま 

「あ」で始まる言葉から、「あいうえお…」の順番《じゅんばん》（五十音順《じゅん》）でならんでいます。

②一字目・二字目…が同じときのならび方。

たき 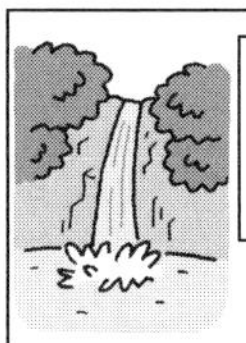
↓
たけ 
↓
たけのこ 
↓
たけやぶ 

国語辞典《じてん》は、すべての音《おん》が五十音順《じゅん》でならんでいます。「たき」と「たけ」は、一字目が同じなので、二字目をくらべます。「たけのこ」と「たけやぶ」は三字目をくらべます。

1 国語辞典《じてん》で、前に出ている言葉のほうに、○をつけましょう。（(1)〜(4)一つ4点、(5)〜(8)一つ5点）

(1) （○）あき　（　）まめ

(2) （　）かべ　（　）くり

(3) （　）ひとみ　（　）ことり

(4) （　）おなか　（　）そら

(5) （　）あみ　（　）あか

(6) （　）さめ　（　）さら

(7) （　）けむし　（　）けむり

(8) （　）かなづかい　（　）かなづち

とく点　　点

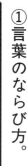

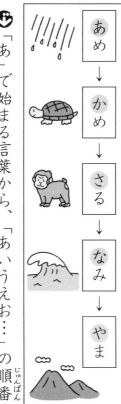

③だく音《おん》・半《はん》だく音《おん》のある言葉。

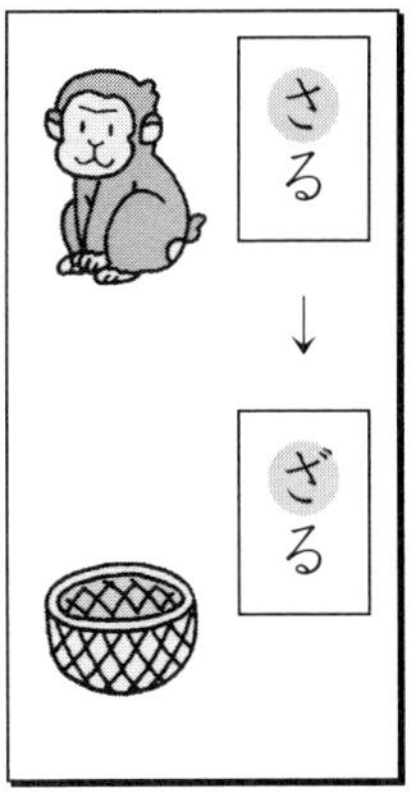

清音《せいおん》（あ・か・さ・た…）→だく音《おん》（が・ざ・だ・ば…）→半《はん》だく音《おん》（ぱ・ぴ・ぷ・ぺ・ぽ）の順番《じゅんばん》でならんでいます。

◎国語辞典《じてん》を見てみよう。

のばす音《おん》や小さく書く字（や・ゆ・よ・っ）のある言葉や、カタカナの言葉は、辞典《じてん》によってならび方がちがうことがあります。

国語辞典《じてん》は、それぞれの辞典《じてん》の言葉のならび方のきまりや使い方を、最初《さいしょ》のページなどでしめしています。

自分の持っている辞典《じてん》のきまり・使い方をたしかめて、じっさいに言葉を調べてみましょう。

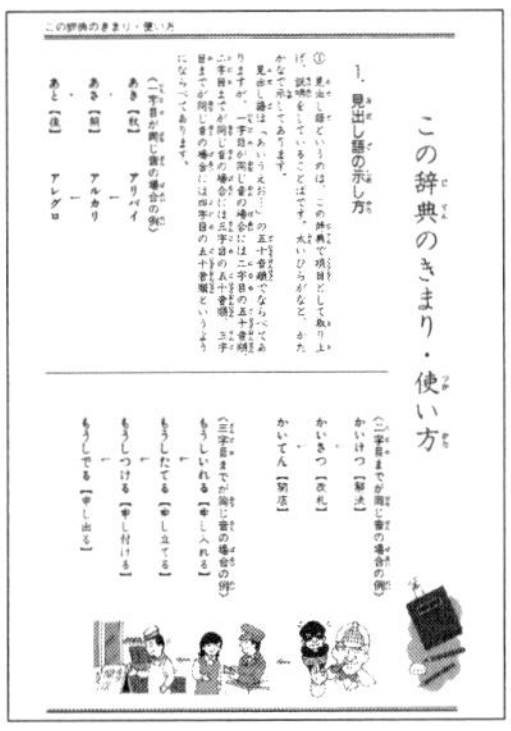

▶「くもんの学習国語辞典《がくしゅうこくごじてん》」（くもん出版）より

2 国語辞典《じてん》に出ている順《じゅん》に、番号をつけましょう。（全部できて一つ8点）

(1)
（ 1 ）えき
（ 2 ）やま

(2)
（　）なまえ
（　）ぬりえ

(3)
（　）つち
（　）つえ

(4)
（　）きのこ
（　）きのみ

(5)
（　）うす
（　）かに
（　）さる

(6)
（　）わかめ
（　）わきめ
（　）わかれ

(7)
（　）ひざ
（　）ひじ
（　）ピザ

(8)
（　）パネル
（　）はねる
（　）はね

15 国語辞典《じてん》の使い方②

国語辞典《じてん》に出ている言葉の形

文の中での使い方によって、形の変《か》わる言葉は、国語辞典《じてん》には□の形（言い切りの形）で出ています。

- 会わない
- 会います
- 会うとき
- 会えば
- 会おう

→ **会う**

- 大きかった
- 大きくない
- 大きくなる
- 大きいので
- 大きければ

→ **大きい**

●□の形は、動きを表す言葉の場合「書く」「話す」「会う」のように**「ウだん」の音《おん》**で終わります。様子を表す言葉の場合は**「い」**で終わります。

おぼえよう 国語辞典《じてん》に出ている形（言い切りの形）。

動きを表す言葉。

●言う・遊ぶ・乗る・着る・習う・投げる

様子を表す言葉。

●暑い・寒い・悲しい・軽い・深い・苦い・明るい

1 ——の言葉の国語辞典《じてん》に出ている形（言い切りの形）を選《えら》んで、○をつけましょう。（一つ4点）

(1) ぼくは、自分の名前を言った。
（　）言います
（○）言う

(2) この荷物は、見た目ほど軽くない。
（　）軽く
（　）軽い

(3) 大きな声で歌おう。
（　）歌おう
（　）歌う

(4) 暑ければ、上着をぬぎなさい。
（　）暑い
（　）暑かった

とく点　　点

2 ——の言葉を国語辞典《じてん》に出ている形（言い切りの形）に書きかえましょう。（一つ6点）

〈れい〉
先生と話した。→（話す）
あなは深かった。→（深い）

(1) 弟はピアノを習わない。（　　）

(2) コーヒーが苦かった。（　　）

(3) バスに乗ります。（　　）

(4) だんだん寒くなる。（　　）

(5) 話すとき、席《せき》を立つ。（　　）

(6) 駅が遠くなる。（　　）

3 □の文章の——の言葉を、国語辞典《じてん》に出ている形（言い切りの形）に書きかえましょう。（一つ8点）

兄といっしょに、山に登った。(1) 晴れていたので、(2) 山《さん》ちょうからのながめはとても美しかった。(3)

(1)（　　）

(2)（　　）

(3)（　　）

自転車に乗るとき、(4) 転ばないように (5) 気をつけます。なぜなら、小さかったころ、(6) けがをしたことがあるからです。

(4)（　　）

(5)（　　）

(6)（　　）

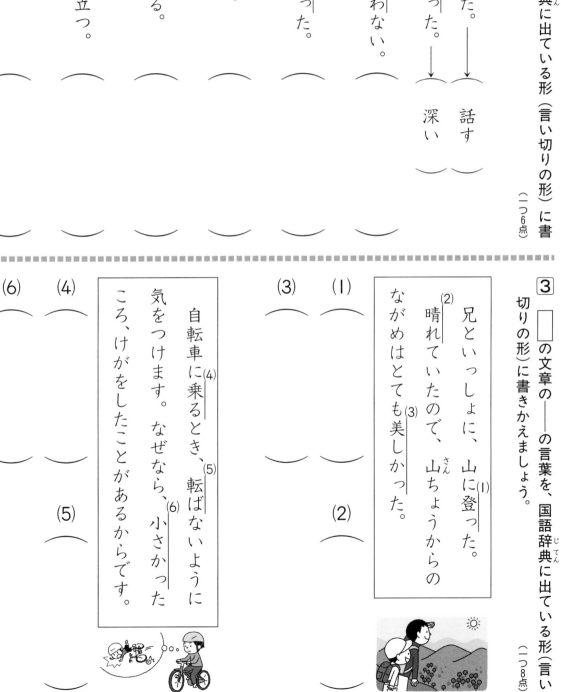

16 国語辞典《じてん》の使い方③

言葉の意味

国語辞典《じてん》には、一つの言葉にたくさんの意味がのっていることがあります。

柱に頭をぶつける。
（人や動物の、首から上の部分。）

本を頭から読み直す。
（ものごとのはじめ。さいしょ。）

頭がよい。
（考える力や考え方。）

頭となる人。
（上に立つ人。かしら。）

調べる言葉が使われている文をよく読んで、調べる言葉にあてはまる意味をさがしましょう。

おぼえよう たくさんの意味がある言葉。

- 水を流す。 せなかを流す。 音楽を流す。 うわさを流す。
- 荷物が重い。 足どりが重い。 病気が重い。 気が重い。

1 ――の言葉の意味に合うほうを選《えら》んで、○をつけましょう。（一つ5点）

(1) くだらない悪口は聞き流す。
（　）広く行きわたるようにする。
（○）気にとめないでやりすごす。

(2) テストがあるので、気が重い。
（　）重要《じゅうよう》である。大事である。
（　）気持ちがさっぱりせず、苦しい。

(3) 手が足りないので、手伝《てつだ》ってください。
（　）仕事をする人。
（　）やり方。方法《ほうほう》。

(4) お金の使い道を考える。
（　）やり方。方法《ほうほう》。
（　）人や車などが通る所。

とく点
点

2 ――の言葉が同じ意味で使われている文を一つ選《えら》んで、○をつけましょう。（一つ8点）

(1) 先生の言葉が、ふと頭にうかんだ。
（　）もう一度、頭から読みます。
（　）なやみごとが、頭からはなれない。

(2) ごみすて場に、ごみの山ができている。
（　）週末《しゅうまつ》、家族で山に登る。
（　）父のつくえに書類《しょるい》が山と積《つ》まれている。

(3) 朝になって、空が明るい。
（　）明るい所で本を読みなさい。
（　）明るい未来《みらい》をゆめ見る。
（　）姉は、この町の地理に明るい。

(4) 食事の前に、手をきれいにあらう。
（　）料理《りょうり》を一皿、きれいに平らげた。
（　）ばらの花が、きれいにさいている。
（　）自分の部屋《へや》を、きれいにかたづける。

3 ――の言葉の意味を、［　］から選《えら》んで、記号を書きましょう。（一つ8点）

(1) 初《はじ》めて会った人に、名前を聞く。（　）
(2) 小鳥のさえずりを聞く。（　）

ア たずねる。
イ 声や音などが聞こえる。

(3) 昨日《きのう》は、ひどい目にあった。（　）
(4) 目が悪いので、めがねを買った。（　）

ア ものを見る働《はたら》き。視力《しりょく》。
イ ものごとに出あうこと。けい験《けん》すること。

(5) 百メートル走で、十秒を切る。（　）
(6) 母によばれたので、電話を切る。（　）

ア あるもとになるものより、下回る。
イ 続《つづ》けていたことをやめる。

17 決まった言い方をする言葉①

特別《とくべつ》な意味を表す言葉（慣用句《かんようく》）①

二つ以上《いじょう》の言葉が結びついて、全体が元の意味とちがう特別《とくべつ》な意味を表すようになった言葉を「慣用《かんよう》句《く》」といいます。

目が高い

（もののよしあしを見分ける力にすぐれている。）

目がない

（大好《す》きだ。）

目が回る

（めまいがする。ひじょうにいそがしい様子。）

おぼえよう

- 首を長くする（今か今かと待つ。）
- 首をひねる（わからないことや疑問《ぎもん》に思うことを考えこむ。）
- 耳をうたがう（思いがけないことを聞いて、信《しん》じられない気持ちになる。）
- 耳がいたい（自分の悪いところや弱点を言われて、聞くのがきつい。）
- 耳をすます（注意を集中して聞く。）
- 頭が下がる（相手のりっぱさに感心し、そんけいする。）
- 頭をかかえる（どうしたらよいかわからず、ひどくこまる。）

1 〜〜から合うほうを選《えら》んで、〇で囲《かこ》みましょう。（一つ6点）

(1) 母は、あまいものには {目（〇）・耳} がない。

(2) むずかしいクイズに {手・首} をひねる。

(3) 父に {耳・足} がいたいことを言われる。

(4) りっぱなたい度《ど》に {目・頭} が下がる。

(5) 交通事故《じこ》のニュースに {むね・はら} がいたむ。

とく点　　点

2 （　）に合う言葉を、［　］から選《えら》んで書きましょう。（一つ6点）

(1) みごとな発表に、（した）をまく。

(2) （　　）が回るほど、いそがしい。

(3) 遠足の日を、（　　）を長くして待つ。

(4) マラソンでは、だれもあきら君に、（　　）が立たない。

(5) （　　）をすますと、きれいな音楽が聞こえてきた。

歯・した・首・目・耳

3 （　）に合う言葉を、［　］から選《えら》んで書きましょう。（一つ8点）

(1) 大きなかん板《ばん》が（目を引く）。

(2) 欠点《けってん》をしてきされて、（　　）。

(3) おいしいものには（　　）。

(4) いそがしくて（　　）。

(5) 悲しい出来事に（　　）。

目がない・目を引く・目が回る

むねがいたむ・耳がいたい

18 決まった言い方をする言葉②

特別《とくべつ》な意味を表す言葉(慣用句《かんようく》)②

慣用句《かんようく》には、17回(34ページ)で取り上げたもののほかにも、次のようなものがあります。

話に花がさく

(次から次へと、いろいろな話が出て、にぎやかになる。)

道草を食う

(ある場所へ行くとちゅうで、ほかのことをして時間を使う。)

おぼえよう

- ねこのひたい(ねこのひたいのように、ひどくせまい場所。)
- あわを食う(おどろいてあわてる。)
- 図に乗る(ものごとが自分の思ったとおりになって、いい気になる。)
- 話にならない(てい度《ど》がちがいすぎて、問題にならない。)
- 水に流す(前にあったもめごとを、すべてなかったことにする。)
- 虫が知らせる(何かが起こりそうな予感が、前もってする。)
- 馬が合う(たがいに気が合う。)
- 羽をのばす(気をつかわなくてはならない人がいなくて、のびのびする。)
- 気が乗らない(やる気にならない。)
- さばを読む(自分の都合がよいように数をごまかす。)

とく点　　点

1 ——の言葉(慣用句《かんようく》)の意味に合うものを選《えら》んで、○をつけましょう。(一つ3点)

(1) この庭は、ねこのひたいほどしかない。
- (○)ひどくせまいこと。
- ( )かわいらしいこと。

(2) 図に乗っていると、かならず失敗《しっぱい》するよ。
- ( )なまけて、何もしない。
- ( )思ったとおりになって、いい気になる。

(3) すぎたことは、水に流しましょう。
- ( )すべてなかったことにする。
- ( )まわりからじゃまをする。

(4) 前のクラスの友人に会って、話に花がさく。
- ( )相手の喜《よろこ》びそうな話をする。
- ( )次から次へ、いろいろな話が出る。

2

次の言葉（慣用句《かんようく》）の意味に合うものを［　］から選《えら》んで、ア〜オの記号を書きましょう。（一つ8点）

(1) 虫が知らせる……（　）

(2) 馬が合う……（　）

(3) ねこをかぶる……（　）

(4) あわを食う……（　）

(5) 気が乗らない……（　）

ア　おどろいてあわてる。
イ　何かが起こりそうな予感がする。
ウ　やる気にならない。
エ　おとなしいふりをする。
オ　たがいに気が合う。

3

（　）に合う言葉を［　］から選《えら》んで、下の意味に合う言葉（慣用句《かんようく》）を作りましょう。（一つ8点）

〈意味〉

(1)（　）をのばす……気をつかう人がいなくてのびのびする。

(2)（　）を読む……自分の都合がよいように数をごまかす。

(3)（　）を食う……ある場所へ行くとちゅうで、ほかのことをする。

(4)（　）にならない……てい度《ど》がちがって問題にならない。

(5)（　）のねどこ……細長く、せまい場所。

(6)（　）に乗る……自分の思いどおりになって、いい気になる。

羽・話・道草・図・うなぎ・さば

19 ふく習《しゅう》ドリル③

1 □にあてはまる言葉を、ひらがなで書きましょう。（一つ3点）

(1) □＋たび→ふなたび

(2) かね＋もの→□

(3) □＋おと→あまおと

(4) ながい＋□→ながぐつ

(5) かぜ＋くるま→□

(6) のぼる＋□→のぼりざか

2 国語辞典《じてん》に出ている順《じゅん》に、番号をつけましょう。（全部できて一つ3点）

(1)
（　）かさ
（　）つる
（　）あさ

(2)
（　）めがね
（　）たぬき
（　）なまず

(3)
（　）さいころ
（　）さいじつ
（　）さかあがり

(4)
（　）タイル
（　）だいく
（　）たいこ

(5)
（　）はん
（　）パンダ
（　）パン

(6)
（　）ピンク
（　）ピン
（　）ヒント

とく点
点

3 ——の言葉を、国語辞典《じてん》に出ている形(言い切りの形)に書きかえましょう。(一つ4点)

〈れい〉
友だちと会わない。→(会う)
象《ぞう》は大きかった。→(大きい)

(1) 海の底《そこ》は深かった。(　　)
(2) 声に出して言います。(　　)
(3) 悲しければ泣《な》く。(　　)
(4) せいが高くなる。(　　)
(5) みんなで歌えば楽しい。(　　)
(6) 落ちないようにする。(　　)

4 (　)に合う言葉を、[　]から選《えら》んで書きましょう。(一つ8点)

(1) 昨日《きのう》のことは、(　　)に流そう。
(2) (　　)が乗らないので、練習をやめた。
(3) ほめられて、(　　)に乗る。
(4) 母の帰りを、(　　)を長くして待つ。
(5) 百メートル競走《きょうそう》では、ぼくはただし君に(　　)が立たない。

気・図・水・歯・首

20 同じ部首の漢字①

漢字の部首①

いくつもの漢字に共通《きょうつう》している部分を、「部首」といいます。

部分の名前▼ へん … 亻（にんべん）▲部首の名前 位・億・健・候・借・信・例・仲

れい
- 糸（いとへん）…終・給・結・縄・続・約
- 禾（のぎへん）…秒・種・積
- 彳（ぎょうにんべん）…待・役・径・徒・徳
- 阝（こざとへん）…院・階・陽・隊・阪・陸
- 木（きへん）…械・機・極・材・札・栃・標

つくり … 文（のぶん・ぼくづくり・ぼくにょう）数・整・放・改・散・敗

れい
- 頁（おおがい）…題・願・順・類
- 刂（りっとう）…列・刷・副・別・利
- 力（ちから）…助・動・勉・功

※部首の名前は、漢字辞典《じてん》によってことなることがあります。

1 次の部首をもつ漢字を書きましょう。

（⑴～⑶一字1点、⑷⑸一字2点）

(1) 亻…リレーの順《じゅん》位《い》。一《いち》意《おく》円《えん》。

(2) 糸…匀《やく》束《そく》する。合《きゅう》食《しょく》の時間。

(3) 彳…円の直《ちょっ》圣《けい》。中学校の生《せい》走《と》。

(4) 阝…音楽《おんがく》家《たい》。坴《りく》上選手《じょうせんしゅ》。

(5) 木…工作幾《き》戒《かい》。才《ざい》木置《もくお》き場《ば》。

とく点　　点

2 次の部首をもつ漢字を書きましょう。（一字3点）

(1) 文 …試合《しあい》の勝《しょう》□《はい》。□《さん》歩《ぽ》をする。

(2) 頁 …□《ねが》いがかなう。人《じん》□《るい》。

(3) 刂 …友だちと□《わか》れる。印《いん》□《さつ》機《き》。

(4) 力 …まじめに□《べん》強《きょう》する。成《せい》□《こう》する。

(5) 禾 …魚の□《しゅ》類《るい》。長方形の面《めん》□《せき》。

(6) 亻 …□《けん》康《こう》な体。あたたかな気《き》□《こう》。

3 同じ部首の漢字を書きましょう。（一字4点）

(1) □《ざい》木《もく》を機《き》□《かい》で切る。

(2) 人《じん》□《るい》全体の□《ねが》い。

(3) □《りく》上《じょう》自《じ》えい□《たい》の訓練《くんれん》。

(4) 二《に》□《おく》年前《ねんまえ》。□《けん》康《こう》に気をつける。

(5) 本を印《いん》□《さつ》する。□《わか》れのあいさつ。

(6) 朝の□《さん》歩《ぽ》。勝《しょう》□《はい》を決する。

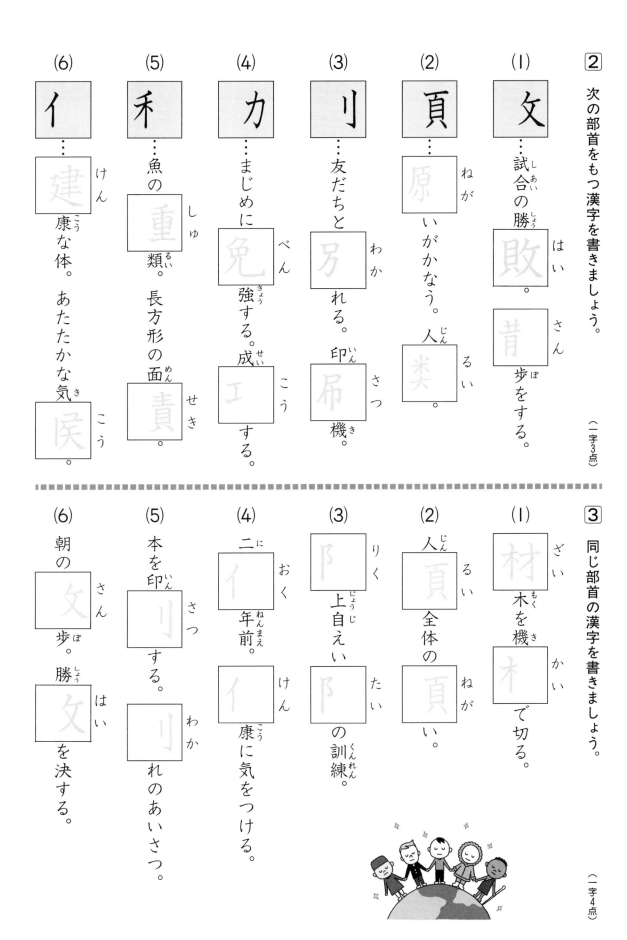

21 同じ部首の漢字②

漢字の部首②

20回（40ページ）のほかにも、漢字の部首には、次のようなものがあります。

部分の名前▼ かんむり …宀（うかんむり）▲部首の名前 宮・守・定・害・完・官・察

れい ●艹（くさかんむり）…葉・英・芽・芸・菜

●⺮（たけかんむり）…筆・箱・管・笑・節

●耂（おいがしら・おいかんむり）…考・者・老

あし …灬（れんが・れっか） 点・照・然・熱・無

れい ●心（こころ）…悪・感・急・息・愛・念・必

たれ …广（まだれ） 庫・庭・度・康・底・府

れい ●厂（がんだれ）…原 ●疒（やまいだれ）…病

※部首の名前は、漢字辞典《じてん》によってことなることがあります。

1 次の部首をもつ漢字を書きましょう。

（(1)(2)一字1点、(3)〜(5)一字2点）

(1) 宀…公《こう》［害］《がい》問題。ビルが［元］《かん》成《せい》する。

(2) 艹…［央］《えい》語《ご》を話す。園《えん》［云］《げい》用品。

(3) ⺮…ゴムの［官］《くだ》。竹の［即］《ふし》。

(4) 耂…数学《すうがく》［日］《しゃ》。［ヒ］《ろう》人《じん》の手を引く。

(5) 灬…室内の［昭］《しょう》明《めい》。高い［執］《ねつ》。

とく点　　点

2 次の部首をもつ漢字を書きましょう。（一字3点）

(1) 心…ため□《いき》をつく。記《き》□《ねん》品《ひん》。

(2) 广…健《けん》□《こう》に気を配る。川の□《そこ》。

(3) 宀…体の器《き》□《かん》。植物の観《かん》□《さつ》。

(4) 竹…大声で□《わら》う。空《あ》き□《ばこ》。

(5) 艹…草の□《め》が出る。野《や》□《さい》サラダ。

(6) 灬…ゆたかな大自《だいし》□《ぜん》。□《ぶ》事《じ》に帰る。

3 同じ部首の漢字を書きましょう。（一字4点）

(1) 野《や》□《さい》の□《め》が出る。

(2) あの□《ろう》人《じん》は、有名な学《がく》□《しゃ》だ。

(3) 自《し》□《ぜん》に□《ねつ》が下がった。

(4) かぶと虫の観《かん》□《さつ》記録《きろく》が、□《かん》成《せい》する。

(5) 大《おお》□《わら》い。卒業《そつぎょう》は、人生の□《ふし》目《め》だ。

(6) くつの□《そこ》。健《けん》□《こう》な生活。

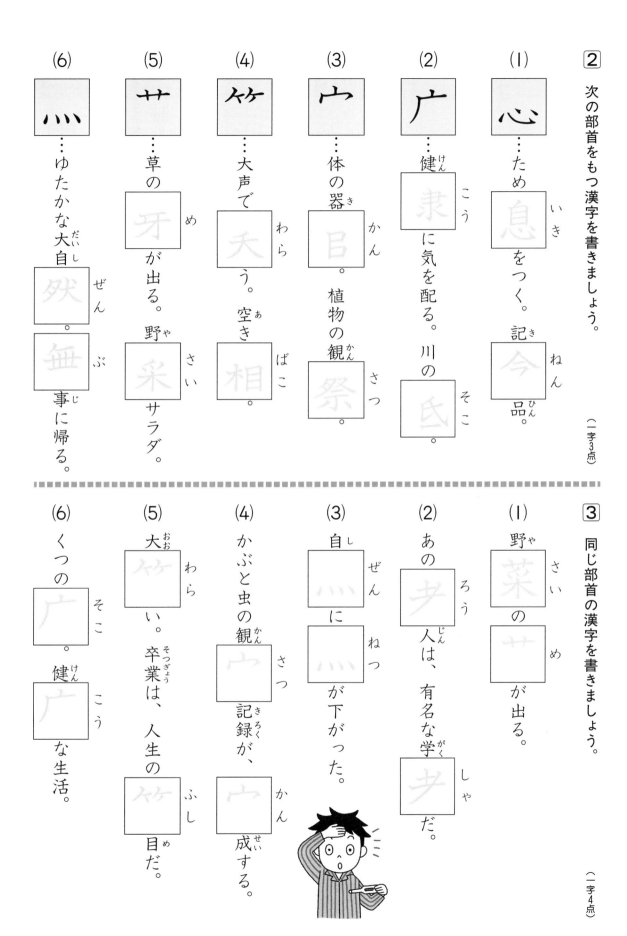

22 同じ部首の漢字③

漢字の部首③

20回・21回（40・42ページ）のほかにも、次のような部首があります。

部分の名前
▼
にょう …… 辶（しんにょう・しんにゅう）◀部首の名前
運・進・送・速・追・返
遊・選・達・辺・連

れい
● 走（そうにょう）…起
● 廴（えんにょう）…建

かまえ …… 囗（くにがまえ）
四・園・回・国・図・固

門（もんがまえ）
門・開・関

行（ぎょうがまえ・ゆきがまえ・いく）
行・街

れい
● 冂（どうがまえ）…円・内

※部首の名前は、漢字辞典《じてん》によってことなることがあります。

1 次の部首をもつ漢字を書きましょう。（一字3点）

(1) 辶 … 【選】《せん》挙《きょ》活動。手紙の配《はい》【幸】《たつ》。

(2) 廴 … 【聿】《けん》国《こっ》記《き》念《ねん》の日《ひ》。

(3) 囗 … 右に【口】《かい》転《てん》する。【古】《かた》いパン。

(4) 門 … 【开】《かい》店《てん》セール。兄弟の【关】《かん》係《けい》。

(5) 行 … 商店《しょうてん》【圭】《がい》を歩く。

とく点
点

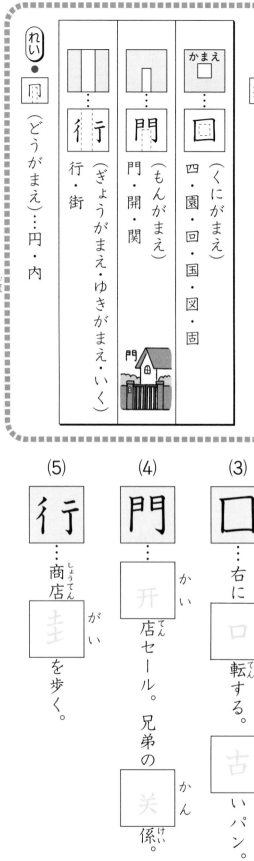

2 次の部首をもつ漢字を書きましょう。（一字3点）

(1) 辶…公園の周《しゅう》□《へん》。失敗《しっぱい》の□《れん》続《ぞく》。

(2) 夊…新しい家を□《けん》ちくする。

(3) 門…試《し》合《あい》を□《かい》始《し》する。□《かん》心《しん》がある。

(4) 行…暗くなって、□《がい》灯《とう》がともる。

(5) 口…ねじで□《こ》定《てい》する。目が□《まわ》る。

(6) 辶…文明の□《しん》歩《ぽ》。□《そく》達《たつ》で送る。

3 同じ部首の漢字を書きましょう。（(1)(2)一字4点、(3)～(5)一字5点）

(1) 駅の周《しゅう》□《へん》で配《はい》□《たつ》する。

(2) 二期□《れん》続《ぞく》で、□《せん》挙《きょ》に出馬する。

(3) ねじを□《まわ》して、板に□《こ》定《てい》する。

(4) パン屋さんを□《かい》店《てん》する。□《かん》係《けい》がある。

(5) 科学が□《しん》歩《ぽ》する。□《そく》達《たつ》ゆう便《びん》。

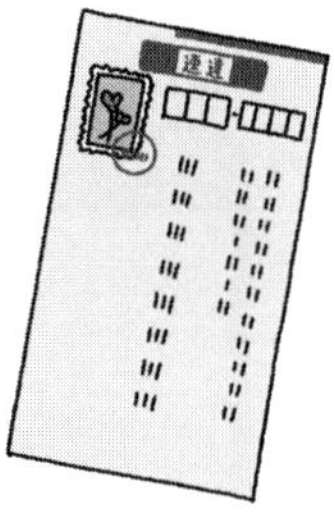

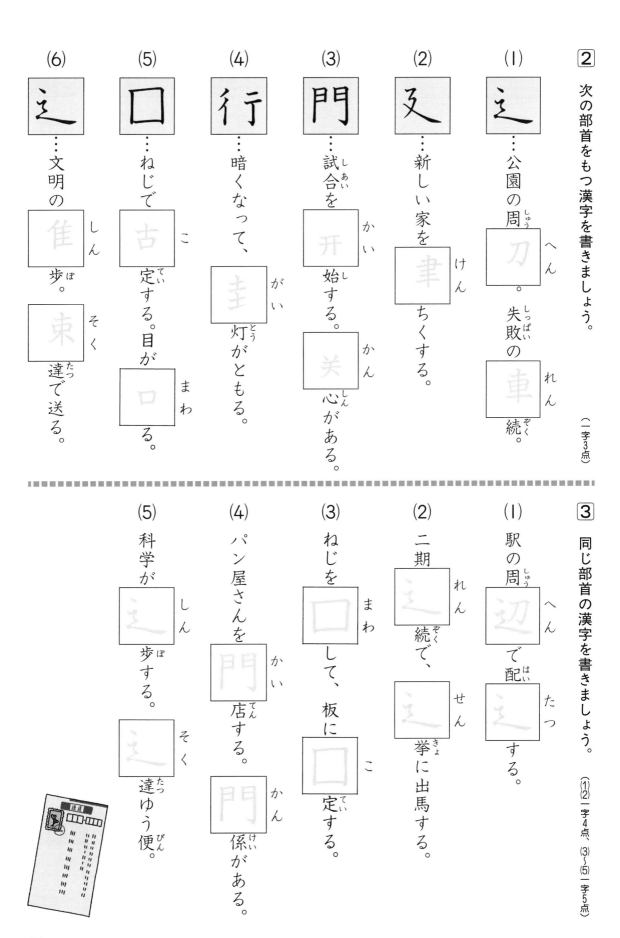

23 部首の意味

部首の意味

部首には、それぞれ意味があります。

扌(てへん)

持
拾
打
投
折《お》(る)

「扌(てへん)」の漢字には、手や手の働《はたら》きに関係《かんけい》のある字がたくさんあります。

おぼえよう

- 氵(さんずい)…水に関係《かんけい》がある。
  湯・波・洋・流・泣・漁・清・浅・満・浴
- 土(つちへん)…土に関係《かんけい》がある。
  場・地・坂・塩
- 金(かねへん)…金《きん》ぞくに関係《かんけい》がある。
  銀・鉄・鏡
- 言(ごんべん)…言葉や言うことに関係《かんけい》がある。
  読・話・詩・談・調・課・議・訓・試・説

※部首の名前は、漢字辞典《じてん》によってことなることがあります。

1 次の部首をもつ漢字に関係《かんけい》のあることがらを、○で囲《かこ》みましょう。（一つ4点）

(1) 扌（持・拾・打）→｛手（○）　土｝に関係《かんけい》がある。

(2) 氵（湯・波・洋）→｛火　水｝に関係《かんけい》がある。

(3) 土（場・地・坂）→｛言　土｝に関係《かんけい》がある。

(4) 木（板・材・札）→｛木　手｝に関係《かんけい》がある。

(5) 亻（体・使・働）→｛人　水｝に関係《かんけい》がある。

とく点
点

2 次のことがらに関係《かんけい》がある、同じ部首の漢字を書きましょう。（一字4点）

(1) 手や手の働《はたら》きに関係《かんけい》がある。

野球の□《とう》手《しゅ》と□《だ》者《しゃ》。□《お》り紙《がみ》。

(2) 水に関係《かんけい》がある。

□《せい》流《りゅう》で水《みず》□《あ》びをする。□《あさ》い川。

(3) 言葉や言うことに関係《かんけい》がある。

会《かい》□《ぎ》で□《せつ》明《めい》する。□《し》験《けん》を受ける。

(4) 金《きん》ぞくに関係《かんけい》がある。

金や□《ぎん》、□《てつ》などの金《きん》ぞく。母の□《きょう》台《だい》。

3 次の部首をもつ漢字は、どんなことがらと関係《かんけい》がありますか。□に合う漢字を、［　］から選《えら》んで書きましょう。（(1)〜(4)一つ5点、(5)(6)一つ6点）

(1) 氵…□に関係《かんけい》がある。

(2) 土…□に関係《かんけい》がある。

(3) 木…□に関係《かんけい》がある。

(4) 言…言葉や□うことに関係《かんけい》がある。

(5) 金…□ぞくに関係《かんけい》がある。

(6) 扌…□や手の働《はたら》きに関係《かんけい》がある。

［土・木・言・水・手・金］

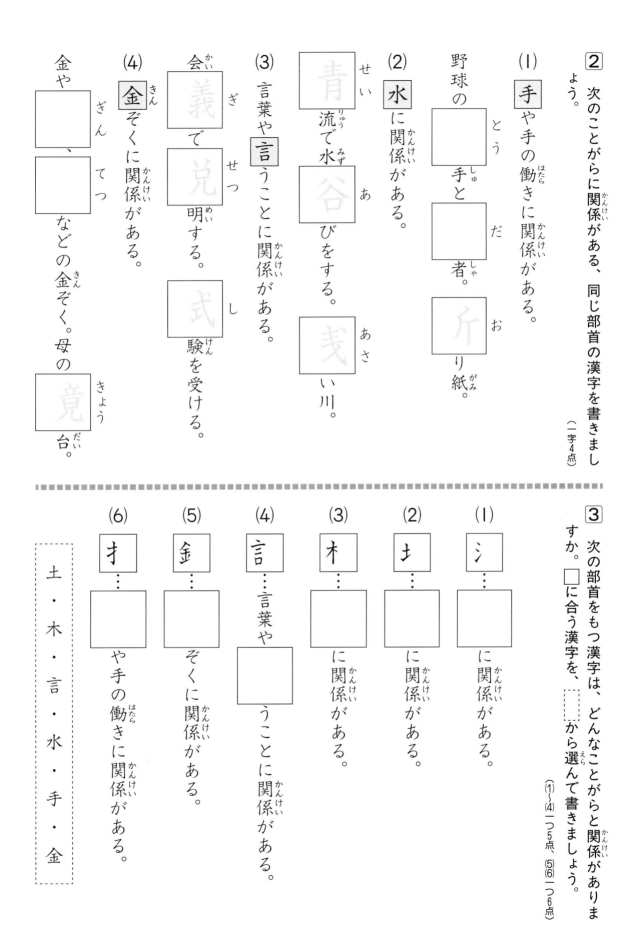

24 漢字の成り立《な》ち《た》

漢字のでき方

漢字のでき方（成《な》り立《た》ち）には、大きく分けて次の四つがあります。

①目に見えるものの形からできた漢字。

→日　太陽の形からできた字。

れい　●→雨　●→口　●→山　●→木

②目に見えないことがらを、印《しるし》などで表した漢字。

→上　一本の線の上に・をつけて上を表した字。

れい　●→下　●→本　●→末

③漢字の意味を組み合わせた漢字。

山＋石→岩　山には大きな石がある。その大きな石が「いわ」。「山」と「石」で表した。

れい　●口＋鳥→鳴　●木＋目→相

④意味を表す部分（部首）と音《おん》を表す部分を組み合わせた漢字。

木＋反《ハン》→板《ハン》　意味を表す「木」と、音《おん》を表す「反《ハン》」で「いた」を表した。

れい　●日＋青《セイ》→晴《セイ》　●口＋未《ミ》→味《ミ》

1 次の絵からできた漢字を、○で囲《かこ》みましょう。（一つ4点）

(1) 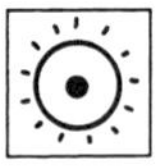　木　(日)

(2) 　雨　川

(3) 　手　目

(4) 　木　草

2 □にあてはまる漢字を書きましょう。（一つ4点）

(1) 木＋木→林

(2) □＋石→岩

(3) 日＋□→明

(4) □＋目→相

とく点　　点

3 次の成《な》り立《た》ちに合う漢字を、[　]から選《えら》んで書きましょう。（一つ4点）

(1)

↓ 口

(2)

↓

(3)

↓

(4)

↓

(5)

↓

(6)

↓

(7)

↓

(8)

↓

(9)

↓

(10)

↓

手・火・本・角・上・末・下・子・鳥・口

4 次の二つの漢字が組み合わさってできた漢字を、□に書きましょう。（一つ4点）

(1) 山＋石 → 岩

(2) 口＋鳥 →

(3) 木＋目 →

(4) 門＋耳 →

5 次の漢字の、意味を表す部分を□に、音《おん》を表す部分を（　）に書きましょう。（一つ2点）

(1) 板 → 意味 木 ・ 音《おん》（反）

(2) 晴 → 意味 ・ 音《おん》（　）

(3) 味 → 意味 ・ 音《おん》（　）

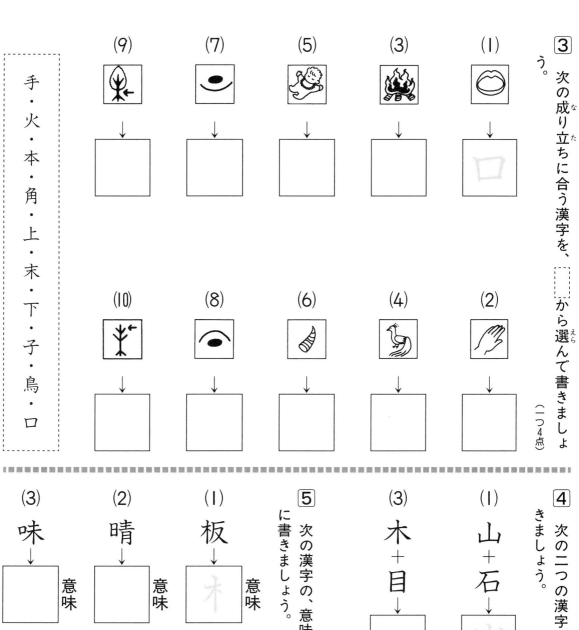

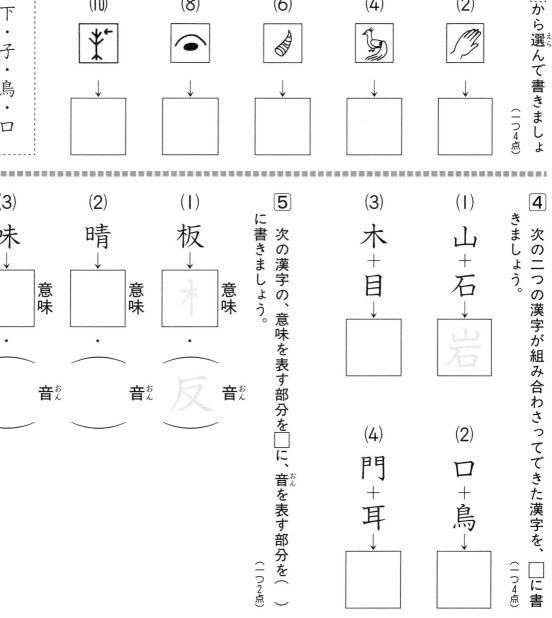

25 漢字のいろいろな読み方

漢字の音《おん》と訓《くん》

漢字の読み方には、「音《おん》」と「訓《くん》」があります。

松
音《おん》…ショウ→松竹梅《しょうちくばい》。
訓《くん》…まつ　→松《まつ》の木。

「松」の音読《おんよ》みは「ショウ」、訓読《くんよ》みは「まつ」です。このように、訓読《くんよ》みで、漢字の意味がわかることがあります。

おぼえよう

塩
音《おん》…食塩《しょくえん》。
訓《くん》…塩《しお》をふる。

旗
音《おん》…国旗《こっき》。
訓《くん》…旗《はた》をふる。

良
音《おん》…改良《かいりょう》する。
訓《くん》…良《よ》い品物。

続
音《おん》…二日連続《れんぞく》。
訓《くん》…雨の日が続《つづ》く。

養
音《おん》…養分《ようぶん》をとる。
訓《くん》…家族を養《やしな》う。

束
音《おん》…結束《けっそく》を固《かた》める。
訓《くん》…花束《はなたば》をもらう。

1 ――の漢字の読みがなを書きましょう。

((1)一つ1点、(2)～(6)一つ2点)

(1) 松（しょう）竹梅《ちくばい》。　松（ま）の木。

(2) 食《しょく》塩（　　）。　塩（　　）をふる。

(3) 連《れん》続（　　）ドラマ。　坂道が続（　　）く。

(4) 養（　　）分《ぶん》をとる。　家族を養（　　）う。

(5) 品種改《ひんしゅかい》良（　　）。　良（　　）い天気。

(6) 日本《にっぽん》の国《こっ》旗（　　）。　旗（　　）をあげる。

とく点

点

2 ――の漢字の読みがなを書きましょう。（一つ3点）

(1) 短時《じ》間《かん》。　かみが短い。

(2) クラスの結《けつ》束。　花《はな》束をわたす。

(3) 電《でん》波望遠鏡《ぼうえんきょう》。　大きな波。

(4) 安《あん》全運転《うんてん》。　全く知らない。

(5) 上半《じょうはん》身。　身の回りの人。

(6) 事実《じつ》を話す。　先週の出来《でき》事。

(7) 三日連《れん》続。　晴天が続く。

(8) 学校の校《こう》旗。　旗をふる。

3 ――の漢字の読みがなを書きましょう。（一つ3点）

(1) 悪いところを改良する。　良い品物。

(2) 根から養分をとる。　子どもを養う。

(3) 食塩を買う。　魚に塩をふる。

(4) 松竹梅《ちくばい》のえんぎ物。　松の木を植える。

(5) 結束して立ち向かう。　きれいな花束。

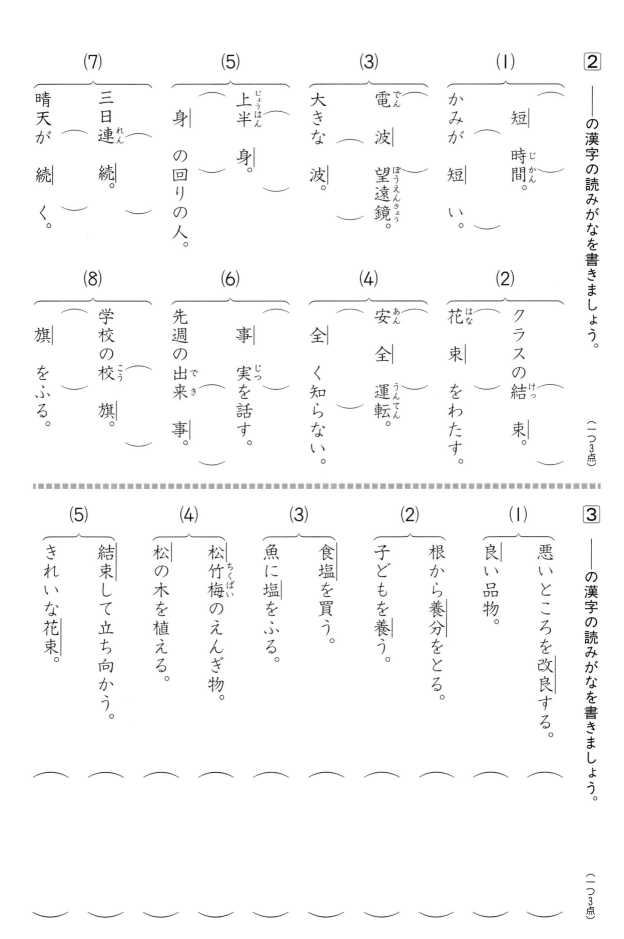

26 形のにた漢字①

形がにている漢字

漢字には、形のよくにたものがあります。

未
末

・未来《みらい》を想像《そうぞう》する。
・週末《しゅうまつ》の予定。

おぼえよう

●の部分に注意して、書きましょう。

・礼　札
失礼《しつれい》。表札《ひょうさつ》。

・共　兵
共通点《きょうつうてん》。兵隊《へいたい》。

・考　老
参考書《さんこうしょ》。老人《ろうじん》。

・単　巣　果
単行本《たんこうぼん》。巣箱《すばこ》。結果《けっか》。

・天　夫　失　矢
天気《てんき》。社長夫人《ふじん》。失敗《しっぱい》。弓矢《ゆみや》。

・名　各
名前《なまえ》。全国各地《かくち》。

・宮　官
王宮《おうきゅう》。司令官《しれいかん》。

・氏　民
氏名《しめい》。住民《じゅうみん》。

1 ——の読みがなに合う漢字を、◯で囲《かこ》みましょう。（一つ2点）

(1) 週《しゅう》まつ｛未　(末)｝に、海へ行く。

(2) 全国かく｛各　名｝地《ち》の名産品《めいさんひん》。

(3) 姉の話を参《さん》こう｛老　考｝にする。

(4) げん関《かん》に表《ひょう》さつ｛礼　札｝を出す。

(5) 木材《もくざい》で鳥のす｛巣　単｝箱《ばこ》を作る。

とく点

点

2 形に気をつけて、漢字を書きましょう。（一つ5点）

(1)
□《きょう》通《つう》点。
□《へい》隊《たい》の行進。

(2)
イギリスの王《おう》□《きゅう》。
軍《ぐん》の司《し》令《れい》□《かん》。

(3)
□《し》名《めい》を言う。
町の住《じゅう》□《みん》。

(4)
試《し》合《あい》の結《けっ》□《か》。
□《たん》行《こう》本《ぼん》を買う。

(5)
□《しっ》敗《ぱい》する。
社長□《ふ》人《じん》。

(6)
□《み》来《らい》を予想する。
週《しゅう》□《まつ》に出かける。

3 漢字のまちがいに×をつけて、右側《みぎがわ》に正しく書きましょう。（一つ6点）

〈れい〉お~~北~~《ば》け屋《や》しきに行《い》く。　化

(1) そんな言《い》い方《かた》は、お客《きゃく》さんに失《しつ》札《れい》です。

(2) 鳥《とり》が、庭《にわ》の木《き》に果《す》を作《つく》っている。

(3) 学級《がっきゅう》の全員《ぜんいん》で考人《ろうじん》ホームをたずねた。

(4) 自動車《じどうしゃ》で全国名地《ぜんこくかくち》を旅行《りょこう》する。

(5) 理科《りか》の実験《じっけん》で矢敗《しっぱい》してしまった。

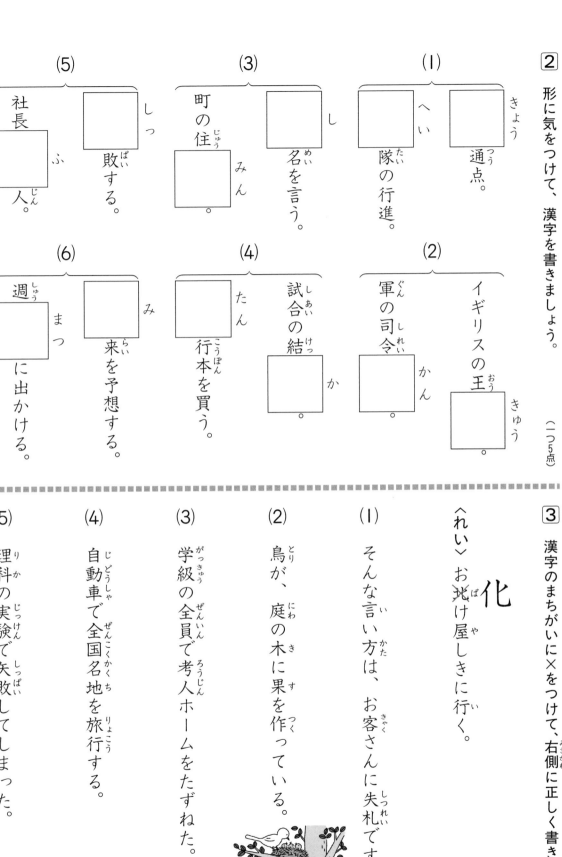

27 形のにた漢字②

同じ部分をもつ漢字

形のよくにた漢字で、同じ部分をもつ字があります。

建・健
- ・ビルを建《けん》せつする。
- ・健康《けんこう》な体。

おぼえよう
「健」の中には、「建」が入っています。

令・冷
命令《めいれい》。
冷《つめ》たい水。

清・静
清書《せいしょ》。
静《しず》かな海。

低・底
低学年《ていがくねん》。
海《うみ》の底《そこ》。

緑・録
緑茶《りょくちゃ》。
録音《ろくおん》。

受・愛
受験《じゅけん》。
愛読書《あいどくしょ》。

去・法
去年《きょねん》。
方法《ほうほう》。

郡・群
市町村郡《しちょうそんぐん》。
魚の群《む》れ。

委・季
学級委員《いいん》。
季節《きせつ》。

浅・残
浅《あさ》い川。
心に残《のこ》る。

要・票
必要《ひつよう》。
投票《とうひょう》。

1 ——の読みがなに合う漢字を、○で囲《かこ》みましょう。（一つ2点）

(1) 新しい家をけん｛健・建｝せつする。

(2) 市町村《しちょうそん》ぐん｛群・郡｝の区分け。

(3) 寒いき｛委・季｝節《せつ》になる。

(4) この本は、ぼくのあい｛愛・受｝読書《どくしょ》だ。

(5) てい｛低・底｝学年《がくねん》の教室。

2 形に気をつけて、漢字を書きましょう。（一つ5点）

(1)
命《めい》□《れい》が下る。
□《つめ》たい水。

(2)
作文を□《せい》書《しょ》する。
□《しず》かにする。

(3)
□《りょく》茶《ちゃ》を飲む。
□《ろく》音《おん》する。

(4)
必《ひっ》□《よう》な道具。
選挙《せんきょ》で投《とう》□《ひょう》する。

(5)
□《あさ》いプール。
心に□《のこ》る。

(6)
□《きょ》年《ねん》、転校した。
使用方《ほう》□《ほう》。

---

3 漢字のまちがいに×をつけて、右側《みぎがわ》に正しく書きましょう。（一つ6点）

〈れい〉大《おお》きな~~魚~~《さら》に、料理《りょうり》をもる。　皿

(1) 水族館《すいぞくかん》の大《おお》きな水《すい》そうで魚《さかな》の郡《む》れを見《み》た。

(2) クラスの投票《とうひょう》で、学級《がっきゅう》季員《いいん》に選《えら》ばれた。

(3) 毎日《まいにち》、運動《うんどう》をしているので建康《けんこう》だ。

(4) 図《ず》かんで海低《かいてい》にすむ魚《さかな》について調《しら》べた。

(5) 弟《おとうと》の歌声《うたごえ》を緑音《ろくおん》した。

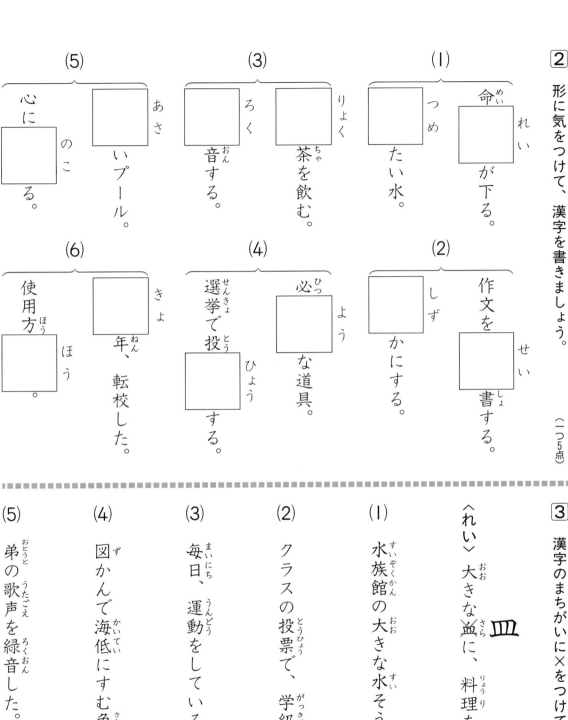

28 ふく習《しゅう》ドリル④

1 次の部首をもつ漢字は、どんなことがらと関係《かんけい》がありますか。□に合う漢字を、[　]から選《えら》んで書きましょう。（一つ4点）

(1) 扌…□や手の働《はたら》きに関係《かんけい》がある。

(2) 土…□に関係《かんけい》がある。

(3) 氵…□に関係《かんけい》がある。

(4) 言…言葉や□うことに関係《かんけい》がある。

(5) 金…□ぞくに関係《かんけい》がある。

[土・手・言・水・木・金]

2 ——の漢字の読みがなを書きましょう。（一つ3点）

(1) 松竹梅《ちくばい》のえんぎ物。（　　）
松たけを焼《や》いて食べる。（　　）

(2) 家族を養う。（　　）
根から養分をとる。（　　）

(3) 体の調子が良い。（　　）
機械《きかい》を改良する。（　　）

(4) 大きな花束をもらう。（　　）
クラスの結束を固《かた》める。（　　）

とく点　　点

3 次の部首をもつ漢字を書きましょう。（一字3点）

(1) 亻…日本の気《き》□《こう》。一《いち》□《おく》円《えん》。

(2) 文…□《さん》歩《ぽ》する。試《し》合《あい》の勝《しょう》□《はい》。

(3) 宀…こん虫《ちゅう》の観《かん》□《さつ》。□《かん》成《せい》品《ひん》。

(4) 广…海の□《そこ》。健《けん》□《こう》な生活を送る。

(5) 辶…□《せん》挙《きょ》活動。周《しゅう》□《へん》の地図。

(6) 口…□《かた》い約束《やくそく》。二《に》□《かい》転《てん》する。

---

4 漢字のまちがいに×をつけて、右側《みぎがわ》に正しく書きましょう。（一つ4点）

〈れい〉弟《おとうと》の~~各~~前《なまえ》を書《か》く。 名

(1) 今度《こんど》の週末《しゅうまつ》、兄《あに》と野《や》球場《きゅうじょう》へ行《い》く。

(2) 算数《さんすう》の参考書《さんこうしょ》を買《か》って読《よ》む。

(3) 学校《がっこう》の帰《かえ》り道《みち》に千円札《せんえんさつ》を拾《ひろ》った。

(4) 寒《さむ》い委節《きせつ》になったので、上着《うわぎ》を着《き》る。

(5) 兄《あに》は、毎日《まいにち》、高校愛験《こうこうじゅけん》のための勉強《べんきょう》をする。

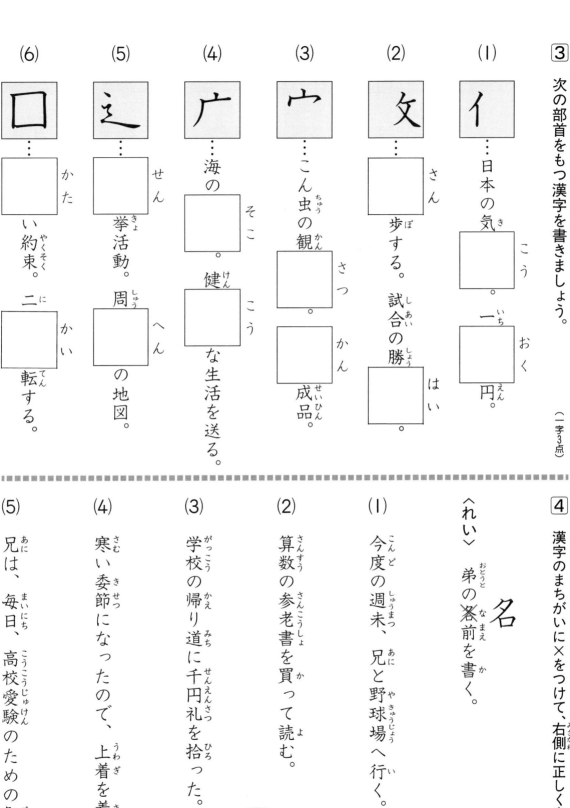

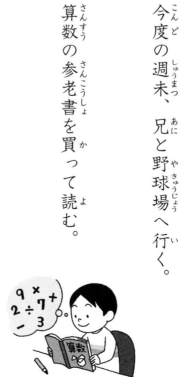

29 同じ読み方の漢字①

同じ音《おん》の漢字①

同じ音読《おんよ》みの漢字を使い分けましょう。

おぼえよう

- い…以上《じょう》・位置《ち》・衣服《ふく》・周《しゅう》囲・胃腸《ちょう》
- えい…水《すい》泳・英語《ご》・栄養《よう》
- かい…世《せ》界・開始《し》・二《に》階・改正《せい》・機《き》械
- かん…感心《しん》・関心《しん》・観光《こう》・完成《せい》・器《き》官・試験《しけん》管
- きょう…強力《りょく》・協力《りょく》・競争《そう》・共通《つう》・望遠《ぼうえん》鏡
- こう…天《てん》候・健《けん》康・成《せい》功・好物《ぶつ》・航海《かい》
- さつ…観《かん》察・印《いん》刷・一万円《いちまんえん》札
- し…司会《かい》・力《りき》士・氏名《めい》・歴《れき》史・試験《けん》
- じ…次回《かい》・事件《けん》・所《しょ》持・児童《どう》・政《せい》治・辞典《てん》

1 ——の読みがなに合う漢字を、〇で囲《かこ》みましょう。（一つ2点）

(1) 運動会にさん｛散　参｝加《か》する。

(2) 国会で法《ほう》りつをかい｛改　開｝正《せい》する。

(3) クラスできょう｛強　協｝力《りょく》する。

(4) 毎日、観《かん》さつ｛察　札｝日記をつける。

(5) 国語じ｛治　辞｝典《てん》を引いて調べる。

とく点

点

2 □と読む漢字を、□に書きましょう。（一つ5点）

(1) い

十才□上《じょう》。

□置《ち》を変《か》える。

(2) えい

□語《ご》を習う。

□養《よう》のある食べ物。

(3) かん

□光《こう》旅行。

絵が□成《せい》する。

(4) こう

健《けん》□に気をつける。

□物《ぶつ》の料理《りょうり》。

(5) し

学級会の□会《かい》。

□験《けん》を受ける。

(6) じ

□童《どう》公園。

政《せい》□家《か》のえん説《ぜつ》。

3 漢字のまちがいに×をつけて、右側《みぎがわ》に正しく書きましょう。（一つ6点）

〈れい〉妹《いもうと》と~~工~~園《こうえん》のすべり台《だい》で遊《あそ》ぶ。　公

(1) この農場《のうじょう》では、野菜《やさい》を生参《せいさん》している。

(2) 電話《でんわ》は、人間《にんげん》が発明《はつめい》した機会《きかい》です。

(3) 天体望遠競《てんたいぼうえんきょう》で星《ほし》を観測《かんそく》した。

(4) 山《やま》の天好《てんこう》は変わりやすい。

(5) 理科《りか》の実験《じっけん》で、試験官《しけんかん》を使《つか》った。

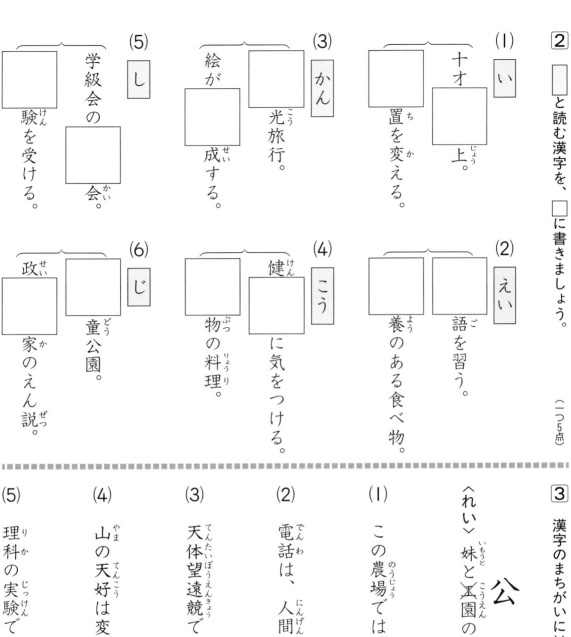

30 同じ読み方の漢字②

同じ音《おん》の漢字②

29回（58ページ）のほかにも、同じ音読《おんよ》みの漢字があります。

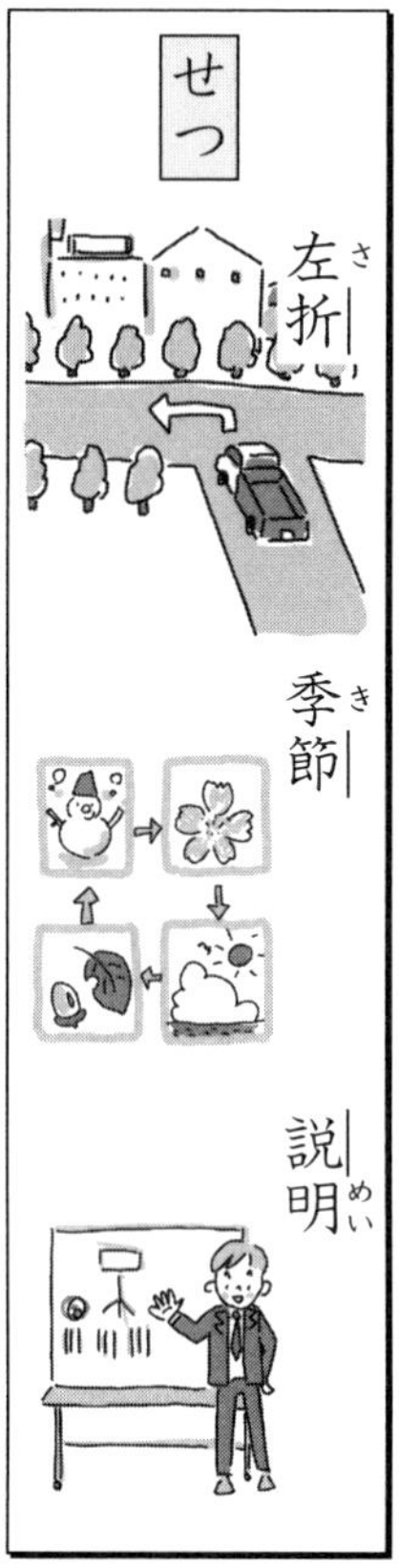

おぼえよう

- しょう…消火《か》・文《ぶん》章・合《がっ》唱・対《たい》照・松竹梅《ちくばい》・省エネ
- せい…世紀《き》・整理《り》・成長《ちょう》・冷《れい》静・清書《しょ》・反《はん》省
- そう…予《よ》想・放《ほう》送・相談《だん》・戦《せん》争・倉庫《こ》
- てい…予《よ》定・家《か》庭・最《さい》低・海《かい》底
- ふ…不思議《しぎ》・夫人《じん》・付近《きん》・京都《きょうと》府
- よう…落《らく》葉・太《たい》陽・様子《す》・必《ひつ》要・養分《ぶん》
- りょう…両親《しん》・良心《しん》・料理《り》・分《ぶん》量・大《たい》漁
- れい…失《しっ》礼・命《めい》令・寒《かん》冷・例題《だい》

1 ——の読みがなに合う漢字を、○で囲《かこ》みましょう。（一つ2点）

(1) この道を左《さ》せつ｛節　折｝してください。

(2) 子犬が、どんどんせい｛成　静｝長《ちょう》する。

(3) 今日《きょう》の最《さい》てい｛底　低｝気温。

(4) うそをつくと、りょう｛両　良｝心《しん》がいたむ。

(5) わり算のれい｛例　令｝題《だい》を見る。

とく点

点

2 □と読む漢字を、□に書きましょう。（一つ5点）

(1) しょう
合《がっ》□コンクール。
□エネルギー。

(2) そう
戦《せん》□と平和。
□庫《こ》にしまう。

(3) ふ
□思議《しぎ》な話。
学校の□近《きん》。

(4) よう
生活に必《ひつ》□な品。
根から□分《ぶん》をとる。

(5) りょう
分《ぶん》□をはかる。
かつおの大《たい》□。

(6) れい
犬に命《めい》□する。
寒《かん》□な気候《きこう》。

3 漢字のまちがいに×をつけて、右側《みぎがわ》に正しく書きましょう。（一つ6点）

〈れい〉大《おお》きな悲~~命~~《ひめい》鳴が聞《き》こえた。

(1) 合照《がっしょう》コンクールに向《む》けて練習《れんしゅう》する。

(2) 部活動《ぶかつどう》の練習《れんしゅう》のあとに、反清会《はんせいかい》を行《おこな》った。

(3) 大事《だいじ》な想談《そうだん》があるので来《き》てください。

(4) 来月《らいげつ》、家族《かぞく》で京都付《きょうとふ》へ引《ひ》っこしをします。

(5) 失令《しつれい》なことを言《い》って、申《もう》しわけありません。

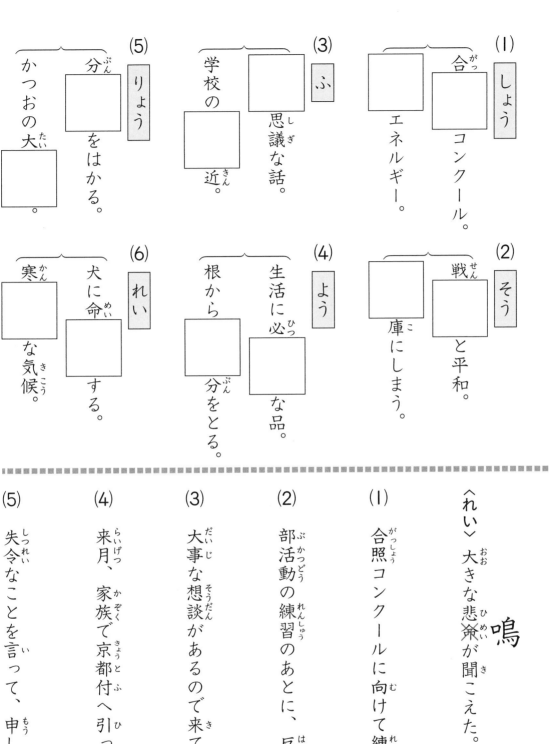

31 同じ読み方の漢字③

同じ訓《くん》の漢字

同じ訓読《くんよ》みの漢字を使い分けましょう。

あつ（い）

暑い夏。

熱いお茶。

おぼえよう

- あ（げる）…たなに箱を上げる。例《れい》を挙げる。
- か（わる）…弟に代わる。色が変わる。
- さ（す）…日が差す。南を指す。
- さ（める）…目が覚める。料理《りょうり》が冷める。
- つ（く）…おまけが付く。駅に着く。
- なお（す）…まちがいを直す。病気を治す。
- はか（る）…時間を計る。米の重さを量る。
- はじ（め・める）…年の初め。仕事を始める。
- まわ（り）…身の回り。池の周りを歩く。

1 ――の読みがなに合う漢字を、〇で囲《かこ》みましょう。（一つ2点）

(1) あつ｛暑　熱｝いお湯をかける。

(2) 妹にか｛代　変｝わって、ぼくがあやまる。

(3) 服によごれがつ｛着　付｝く。

(4) 小麦粉《こむぎこ》の重さをはか｛計　量｝る。

(5) 兄が勉強をはじ｛初　始｝めた。

とく点

点

2 □と読む漢字を、□に書きましょう。（一つ5点）

(1) あ(げる)
- 顔を□げる。
- 例《れい》を□げる。

(2) さ(す)
- 日が□す。
- 北の方角を□す。

(3) さ(める)
- 目が□める。
- お湯が□める。

(4) なお(す)
- 作文を□す。
- かぜを□す。

(5) はか(る)
- 時間を□る。
- 体重を□る。

(6) まわ(り)
- 身の□りの人。
- 体育館の□り。

3 漢字のまちがいに×をつけて、右側《みぎがわ》に正しく書きましょう。（一つ6点）

〈れい〉野生《やせい》の鳥《とり》を、森《もり》に~~話~~《はな》す。　放

(1) 太陽《たいよう》の下《した》は熱《あつ》いので、上着《うわぎ》をぬいだ。

(2) 今《いま》の季節《きせつ》は、天気《てんき》が代《か》わりやすい。

(3) 歯科医院《しかいいん》へ通《かよ》って、虫歯《むしば》を直《なお》す。

(4) 目的地《もくてきち》に付《つ》いたら、昼《ひる》ご飯《はん》を食《た》べよう。

(5) 十月《じゅうがつ》の始《はじ》めに、文化祭《ぶんかさい》がある。

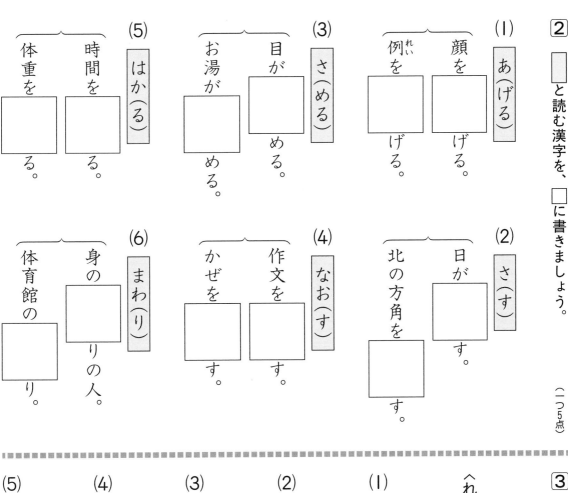

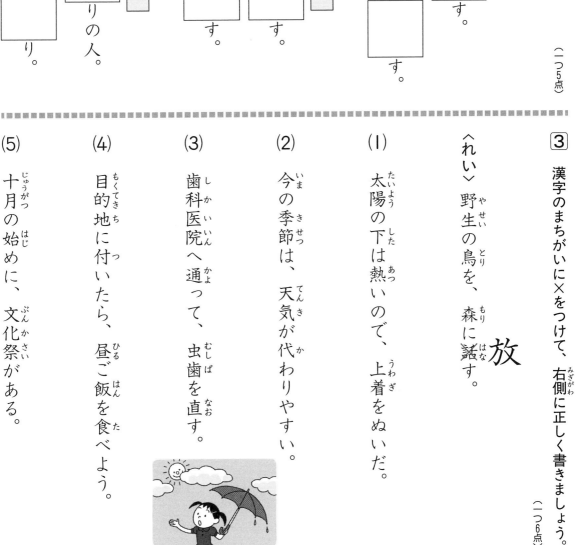

32 漢字を組み合わせた言葉①

漢字でできた言葉

漢字を組み合わせた言葉（じゅく語《ご》）があります。

①漢字二字の言葉。

物

植物《しょくぶつ》

食物《しょくもつ》

物語《ものがたり》

荷物《にもつ》

建物《たてもの》

れい
- 側…右側《みぎがわ》・両側《りょうがわ》・内側《うちがわ》・南側《みなみがわ》・側面《そくめん》
- 節…季節《きせつ》・節約《せつやく》・節水《せっすい》・節目《ふしめ》・一節《いっせつ》
- 辺…周辺《しゅうへん》・近辺《きんぺん》・海辺《うみべ》・底辺《ていへん》・岸辺《きしべ》

②漢字三字の言葉。

的

立体的《りったいてき》

積極的《せっきょくてき》

消極的《しょうきょくてき》

科学的《かがくてき》

れい
- 不…不注意《ふちゅうい》・不自由《ふじゆう》・不公平《ふこうへい》・不気味《ぶきみ》
- 未…未成年《みせいねん》・未完成《みかんせい》・未発表《みはっぴょう》・未発達《みはったつ》

1 ——の漢字と組み合わさって、漢字二字の言葉ができる漢字を、〇で囲《かこ》みましょう。

（(1)〜(4)一つ3点、(5)一つ4点）

(1) 大きな｛荷《に》 使《し》｝物《もつ》を持つ。

(2) ろう下の｛青《あお》 右《みぎ》｝側《がわ》を歩く。

(3) あたたかい季《き》｛風《ふう》 節《せつ》｝。

(4) この｛近《きん》 遠《えん》｝辺《ぺん》には、博物館《はくぶつかん》がある。

(5) あの｛建《たて》 家《か》｝物《もの》は市役所だ。

とく点

点

2 ――の漢字の読みがなを書きましょう。（一つ3点）

(1) 物
観葉《かんよう》植物。（　　）
外国の物語。（　　）

(2) 側
箱の側面。（　　）
南側のまど。（　　）

(3) 節
節約する。（　　）
詩の一節。（　　）

(4) 辺
周辺の地図。（　　）
家の近辺。（　　）

(5) 物
大きな建物。（　　）
荷物を運ぶ。（　　）

(6) 節
節水に努《つと》める。（　　）
季節の変《か》わりめ。（　　）

3 次の漢字に［　］の漢字を組み合わせて言葉を作ります。［　］から漢字を選《えら》んで、□に書きましょう。（一つ4点）

(1) □辺・□辺・□辺
(2) □物・□物・□物
(3) □□的・□□的
(4) 不□□□・不□□
(5) 未□□□・未□□

近・建・荷・科学・成年《せいねん》・注意
海・食・岸・気味・積極《せっきょく》・完成《かんせい》

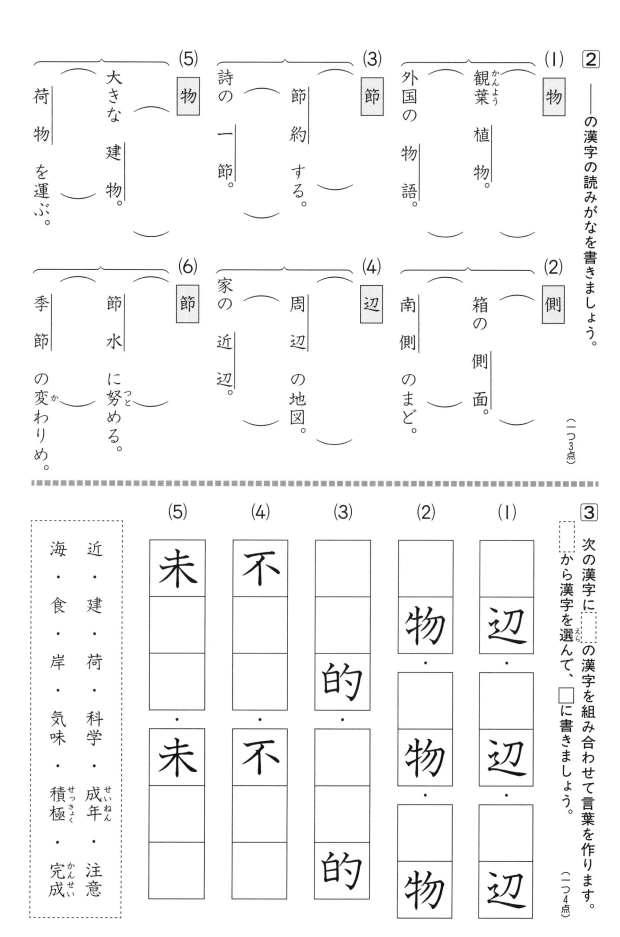

33 漢字を組み合わせた言葉②

漢字の表す意味

漢字には、いくつかの意味があります。「着」の意味を調べてみましょう。

 どろが付着《ふちゃく》する。（くっつくこと。）	 コートを着用《ちゃくよう》する。（服などをきること。）
 飛行機《ひこうき》が着陸《ちゃくりく》する。（その場所にやってくる。とどく。）	 店の金を着服《ちゃくふく》する。（自分のものにすること。）
 決着《けっちゃく》をつける。（ものごとが決まる。おさまる。）	 研究に着手《ちゃくしゅ》する。（そのことを始めること。）

♦このように、「着」は、いろいろな意味で使われています。

1 次の「着」の意味に合うほうを選《えら》んで、○をつけましょう。（一つ6点）

(1) 岩に海《かい》そうが付着《ふちゃく》している。
（　）ものごとが決まる。おさまる。
（○）くっつくこと。

(2) 白衣《はくい》を着用《ちゃくよう》してください。
（　）服などをきること。
（　）その場所にやってくる。とどく。

(3) 着陸時《ちゃくりく》には、シートベルトをしめる。
（　）くっつくこと。
（　）その場所にやってくる。とどく。

(4) 新しい仕事に着手《ちゃくしゅ》する。
（　）ものごとを始めること。
（　）ものごとが決まる。おさまる。

とく点　　点

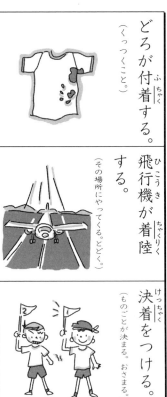

2 ――の漢字の意味を[ ]から選《えら》んで、記号を書きましょう。（一つ7点）

(1) すぐにおこるところが、姉の短所《たんしょ》だ。…（　）

ア 長さや時間などがみじかい。
イ おとっている。欠点《けってん》がある。

(2) 世界平和《へいわ》を願《ねが》う。…（　）

ア 高低《こうてい》や、でこぼこがない。
イ 争《あらそ》いなどがなく、おだやかである。

(3) 写真よりも実物《じつぶつ》が見たい。…（　）

ア 草や木のみ。
イ ほんとうの。

(4) 三時に休息《きゅうそく》をとる。…（　）

ア 休む。いこう。
イ 生きる。生活する。

3 [ ]から漢字を選《えら》んで、次の意味に合う漢字の言葉を作りましょう。（一つ8点）

(1)
① 服などをきること。…［着］［　］
② ものごとがきまること。…［　］［着］
③ 仕事などを始めること。…［着］［　］

決・手・付《ふ》・用

(2)
① 水などの速いながれ。…［　］［流］
② 広く世間にはやること。…［流］［　］
③ ある分野で最《もっと》もすぐれていること。…［　］［流］

急・行・一・会

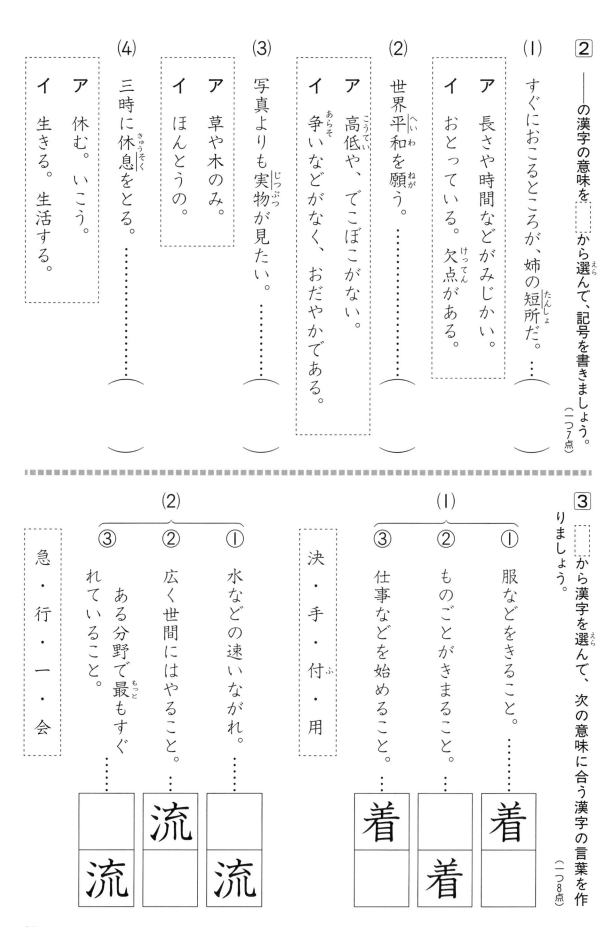

34 漢字を組み合わせた言葉③

とく点
　　点

漢字の組み合わせ方

漢字二字でできた言葉には、次のような組み合わせがあります。

①反対の意味になる漢字を組み合わせたもの。

高《たか(い)》＋低《てい》《ひく(い)》→高低《こうてい》

れい
●勝＋敗→勝敗《しょうはい》
●明＋暗→明暗《めいあん》
●終＋始→終始《しゅうし》

②にた意味をもつ漢字を組み合わせたもの。

寒《さむ(い)》＋冷《れい》《つめ(たい)》→寒冷《かんれい》

れい
●良＋好→良好《りょうこう》
●労＋働→労働《ろうどう》
●変＋化→変化《へんか》

③上の漢字が下の漢字をくわしくしているもの。

鉄《てつ》＋板《いた》→鉄板《てっぱん》（鉄の板）

れい
●流れる＋星→流星
●多い＋数→多数
●海＋底《そこ》→海底《かいてい》

④意味を打ち消す働《はたら》きをもつ漢字と組み合わせたもの。

無《む》《な(い)》＋色《いろ》→無色《むしょく》

れい
●無＋害→無害《むがい》
●未＋定→未定《みてい》
●不＋幸→不幸《ふこう》

1 次の漢字と反対の意味になる漢字を、○で囲《かこ》みましょう。（一つ5点）

(1) 高 ― 低（○） 小

(2) 終 ― 止 始

(3) 勝 ― 弱 敗

(4) 明 ― 暗 楽

2 次の漢字とにた意味をもつ漢字を、○で囲《かこ》みましょう。（一つ5点）

(1) 寒 ― 冷（○） 安

(2) 良 ― 楽 好

(3) 労 ― 日 働

(4) 変 ― 化 消

3 [　]の言葉を、次の(1)～(4)に分けて書きましょう。（一つ4点）

(1) 反対の意味になる漢字を組み合わせたもの。
〈れい〉上＋下→上下
[　][　]・[　][　]

(2) にた意味をもつ漢字を組み合わせたもの。
〈れい〉田＋畑→田畑
[　][　]・[　][　]

(3) 上の漢字が下の漢字をくわしくしているもの。
〈れい〉強い＋風→強風
[　][　]・[　][　]

(4) 意味を打ち消す働《はたら》きをもつ漢字と組み合わせたもの。
〈れい〉無《む》＋色→無《む》色《しょく》
[　][　]・[　][　]

流星・明暗・変化《へんか》・無害《むがい》
労働《ろうどう》・未定《みてい》・鉄板《てっぱん》・勝敗《しょうはい》

4 [　]から漢字を選《えら》び、反対の意味になる漢字を組み合わせた言葉を作りましょう。（一つ4点）

(1) 高[　]
(2) 長[　]
(3) 終[　]
(4) 強[　]

短・始・弱・低《てい》

5 上の漢字が下の漢字をくわしくしている言葉を作って、（　）に読みがなも書きましょう。（一つ2点）

〈れい〉早い＋朝→早朝（そうちょう）

(1) 多い＋数→[　][　]（　）
(2) 鉄＋板→[　][　]（　）
(3) 海＋底《そこ》→[　][　]（　）

35 ふく習《しゅう》ドリル⑤

1 □と読む漢字を、□に書きましょう。（一つ2点）

(1) い
千円□上《じょう》。
つくえの□置《ち》。

(2) し
学級会の□会《かい》。
国語の□験《けん》。

(3) そう
戦《せん》□と平和。
□庫《こ》にしまう。

(4) ふ
家の□近《きん》を歩く。
□思《し》議《ぎ》な話を聞く。

(5) なお(す)
病気を□す。
作文を□す。

(6) さ(める)
お茶が□める。
朝、目が□める。

2 漢字のまちがいに×をつけて、右側《みぎがわ》に正しく書きましょう。（一つ4点）

〈れい〉 大《おお》きな~~鼻~~束《はなたば》をもらう。 花

(1) 音楽《おんがく》や絵画《かいが》に感心《かんしん》がある。

(2) 大《おお》きな機会《きかい》を使《つか》って、自動車《じどうしゃ》をつくる。

(3) 植物《しょくぶつ》は、水《みず》や要分《ようぶん》を根《ね》からすい上《あ》げる。

(4) 弟《おとうと》に変《か》わって、電話《でんわ》で話《はな》した。

(5) 外《そと》は、熱《あつ》いので、ぼうしを持《も》っていく。

とく点

点

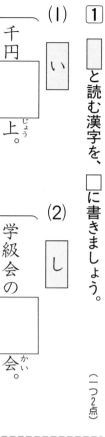

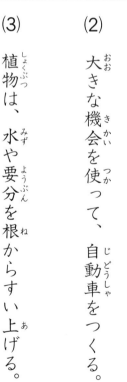

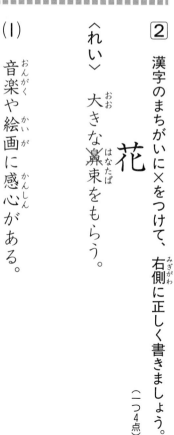

3 [　]から漢字を選《えら》んで、次の意味に合う漢字の言葉を作りましょう。（一つ4点）

(1)
① くっつくこと。 [　][着]
② 服などをきること。 [着][　]
③ ものごとがきまること。 [　][着]

決・付・用・手

(2)
① 日本《にっぽん》ふうのこと。 [和][　]
② つり合いがとれていること。 [　][和]
③ おだやかな様子。 [　][和]

調・温・木・風

4 [　]の言葉を、次の(1)～(4)に分けて書きましょう。（一つ4点）

(1) 反対の意味になる漢字を組み合わせたもの。
〈れい〉上＋下→上下
[　][　]・[　][　]

(2) にた意味をもつ漢字を組み合わせたもの。
〈れい〉田＋畑→田畑
[　][　]・[　][　]

(3) 上の漢字が下の漢字をくわしくしているもの。
〈れい〉強い＋風→強風
[　][　]・[　][　]

(4) 意味を打ち消す働《はたら》きをもつ漢字と組み合わせたもの。
〈れい〉無《む》＋色→無色《むしょく》
[　][　]・[　][　]

明暗・無害《むがい》・労働《ろうどう》・流星
多数・良好《りょうこう》・強弱・未定《みてい》

36 漢字辞典《じてん》の使い方①

とく点
点

漢字辞典《じてん》からわかること

漢字辞典《じてん》(漢和辞典《じてん》)を使うと、漢字の成《な》り立《た》ちや意味、音《おん》と訓《くん》の読み方などがわかります。

部首が「力《ちから》」の漢字の集まり。(部首をのぞいた画数が5画の漢字)

部首は「力《ちから》」。部首をのぞいた画数は5画。総画《そうかく》数《すう》(全体の画数)は7画。

漢字の成《な》り立《た》ちと意味、使い方の例《れい》。

【力の部】5画 努 労

力5画

【努】(総画7)

音 ド

訓 つと(める)

成り立ち 「奴」(ねばり強く働《はたら》く女のめしつかい)と力(ちから)を合わせた字。ねばり強く力を入れて《がんばる》ことをあらわす。

意味 はげむ。一生けん命《めい》にがんばる。力をつくしてそのことをする。つとめる。

例 努力《どりょく》すれば成績《せいせき》はかならずあがります。

【努力】ド リョク 力をつくす。はげむ。

「努」が一字目にくる言葉と、その意味。

漢字の読み方。

漢字辞《じ》典《てん》は、一つ一つの漢字について、またその字がふくまれている言葉についてくわしく知ることができます。

※これは漢字辞典《じてん》の紙面の一例《いちれい》です。

1 漢字辞典《じてん》について説明《せつめい》している、次の(1)～(4)の文を読んで、正しいものに○、まちがっているものに×をつけましょう。(一つ10点)

(1)(×) 漢字の「部首」を調べることはできるが、「読み方」は調べることができない。

(2)( ) 「総画数《そうかくすう》」とは、部首をのぞいた部分の画数のことだ。

(3)( ) その漢字がどのようにしてできたのか知りたいときは、「成《な》り立《た》ち」を見るとよい。

(4)( ) 一つ一つの漢字の「意味」や、使い方の「例《れい》」、その字がふくまれている言葉の意味をくわしく知ることができる。

2 ある漢字辞典《じてん》で、「梅」という字を引きました。この辞典《じてん》を見て、下の(1)〜(4)に答えましょう。（一つ10点）

【木の部】 6—7画 梅 械

木6 【梅】（10画） 音 バイ 訓 うめ

成《な》り立《た》ち

「毎」（つぎつぎと子どもを産《う》む母）と、「木」（き）を合わせた字。たくさん実がなるという《うめ》の木を表した字。

意味

①ばらの仲間《なかま》の植物。うめ。うめの木。例 梅林《ばいりん》。梅《うめ》の花。②うめの実。また、うめの実のなるころ。例 梅干《うめぼ》し。梅《ばい》雨《う》。

【梅雨】バイウ・つゆ ①主に、梅《うめ》の実のなるころふる長雨。五月雨《さみだれ》。②主に、六月から七月の上《じょう》じゅんにかけての時期。

(1) 「梅」の総画数《そうかくすう》を書きましょう。

（　　　　画）

(2) 「梅」の、部首をのぞいた画数を書きましょう。

（　　　　画）

(3) 「梅」の音読《おんよ》みと訓読《くんよ》みをひらがなで書きましょう。

音（　　　　）・訓（　　　　）

(4) 次の文は、「梅」の成《な》り立《た》ちをまとめたものです。□にあてはまる漢字を書きましょう。

「梅」は、「毎」と「①□」とを合わせた字で、たくさん②□のなる《うめ》の木を表します。

37 漢字辞典《じてん》の使い方②

漢字辞典《じてん》で、「囲」という字をさがしてみましょう。

漢字辞典《じてん》の引き方

①漢字の部首がわかるとき。

部首さく引《いん》で調べる。（部首引き）

①「囲」の部首は、「囗《くにがまえ》」です。（画数は三画。）
②部首さく引《いん》で、三画の「囗《くにがまえ》」の部をさがす。
③「囗《くにがまえ》」の部を見て、部首をのぞいた部分（井）が四画の漢字をさがす。

部首がわかるときは、部首さく引《いん》で調べましょう。

ふつう、漢字辞典《じてん》は、部首ごとに漢字を集め、画数の少ない部首から順《じゅん》にならんでいます。

それぞれの部では、部首をのぞいた部分の画数が少ないものから順《じゅん》にならんでいます。

れい ●「浴」→三画の「氵《さんずい》」の部を見る。
→部首をのぞいた部分（谷）が七画の漢字をさがす。

とく点　　点

1 漢字辞典《じてん》で「笑」という漢字を調べるとき、次の三人は、それぞれ何のさく引《いん》を使えばよいでしょうか。あてはまるものを選《えら》んで、――で結《むす》びましょう。（一つ10点）

(1) たかし

訓読《くんよ》みは「わら(う)」だよ。

(2) さちこ

部首は「⺮(たけかんむり)」よ。

(3) あきら

総画数《そうかくすう》は十画だね。

・総画《そうかく》さく引《いん》
・部首さく引《いん》
・音訓《おんくん》さく引《いん》

②漢字の読み方がわかるとき。

音訓《おんくん》さく引《いん》で調べる。（音訓《おんくん》引き）

①「囲」の読み方は、音読《おんよ》みが「イ」。訓読《くんよ》みが「かこ(む)・かこ(う)」です。

②音訓《おんくん》さく引《いん》で、「イ」か「かこ(む)・かこ(う)」をさがす。

音《おん》か訓《くん》の読み方がわかるときは、音訓《おんくん》さく引《いん》で調べましょう。音訓《おんくん》さく引《いん》は、五十音順《じゅん》にならんでいます。ふつう、音読《おんよ》みはカタカナ、訓読《くんよ》みはひらがなでしめしています。

れい ●「包」→音読《おんよ》み「ホウ」か、訓読《くんよ》み「つつ(む)」をさがす。

③部首も読み方もわからないとき。

総画《そうかく》さく引《いん》で調べる。（総画《そうかく》引き）

①「囲」の総画《そうかく》(漢字全体の画数)は七画です。

②総画《そうかく》さく引《いん》で、七画の漢字をさがす。

部首も読み方もわからないときは、総画《そうかく》さく引《いん》で調べましょう。総画《そうかく》とは、漢字全体の画数のことです。

れい ●「型」→総画《そうかく》九画でさがす。

2 次の文にあてはまる漢字辞典《じてん》の引き方を□からそれぞれ選《えら》んで、ア～ウの記号を書きましょう。（一つ14点）

(1) 漢字の部首がわかるとき。……（　）

(2) 漢字の読み方がわかるとき。……（　）

(3) 部首も読み方もわからないとき。…（　）

(4) 部首の画数を数えて、部首の見出しでさがす。……（　）

(5) 漢字全体の画数を数えて、総画数《そうかくすう》の見出しでさがす。……（　）

ア　部首引き
イ　音訓《おんくん》引き
ウ　総画《そうかく》引き

38 漢字辞典《じてん》の使い方③

1 次の漢字の部首と部首名を書きましょう。（一つ2点）

部首
部首名

(1) 浴 → 氵（さんずい）
(2) 位 → （　　）
(3) 願 → （　　）
(4) 完 → （　　）
(5) 達 → （　　）
(6) 説 → （　　）

2 次の漢字の部首と、部首の画数を書きましょう。（一つ3点）

部首
部首の画数

(1) 拾 → 扌（3画）
(2) 地 → （　画）
(3) 固 → （　画）
(4) 芽 → （　画）
(5) 別 → （　画）
(6) 関 → （　画）

とく点
点

3 次の漢字の総画数《そうかくすう》を書きましょう。（一つ4点）

総画数《そうかくすう》 4

(1) 夫 →（　　）画

(2) 付 →（　　）画

(3) 努 →（　　）画

(4) 必 →（　　）画

(5) 特 →（　　）画

(6) 旗 →（　　）画

4 漢字辞典《じてん》に出ている（画数の少ない）順《じゅん》に、番号をつけましょう。（全部できて一つ4点）

(1) 信（　）働（　）仕（1）体（2）

(2) 薬（　）花（　）草（　）苦（　）

(3) 機（　）根（　）札（　）林（　）

(4) 訓（　）話（　）課（　）計（　）

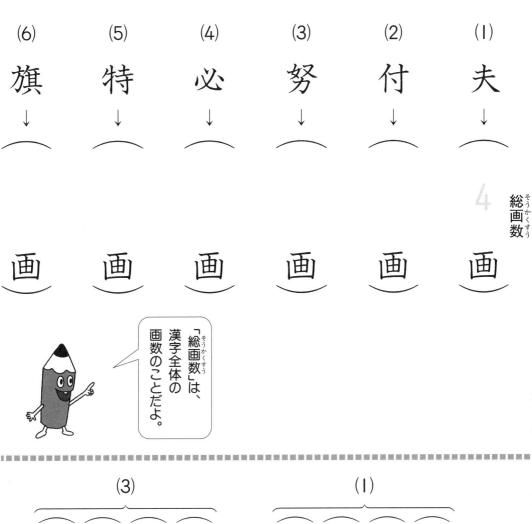

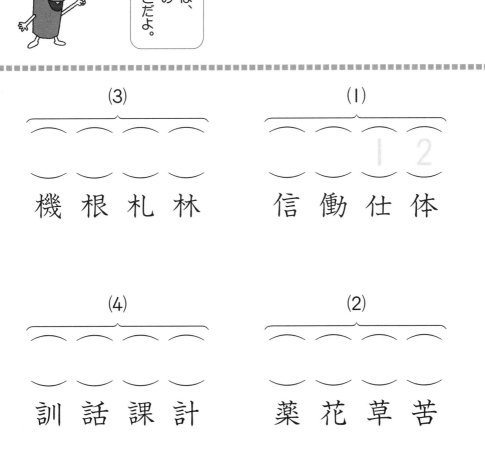

ローマ字の書き方①

①ローマ字の「a•i•u•e•o」。

ari
あり

ika
いか

uma
うま

ebi
えび

oni
おに

kai
かい

ki
き

kuma
くま

keito
けいと

koma
こま

ローマ字で日本語の音《おん》を書き表すとき，あ行は，「a･i･u･e･o」で，ほかの行は，「a･i･u･e･o」との組み合わせで表します。

②ローマ字の書き表し方。

大文字	A	I	U	E	O
	あ a	い i	う u	え e	お o
K	か ka	き ki	く ku	け ke	こ ko
S	さ sa	し si [shi]	す su	せ se	そ so
T	た ta	ち ti [chi]	つ tu [tsu]	て te	と to
N	な na	に ni	ぬ nu	ね ne	の no
H	は ha	ひ hi	ふ hu [fu]	へ he	ほ ho
M	ま ma	み mi	む mu	め me	も mo
Y	や ya	(い) (i)	ゆ yu	(え) (e)	よ yo

大文字	A	I	U	E	O
R	ら ra	り ri	る ru	れ re	ろ ro
W	わ wa	(い) (i)	(う) (u)	(え) (e)	を (o) 《wo》
	ん n				
G	が ga	ぎ gi	ぐ gu	げ ge	ご go
Z	ざ za	じ zi [ji]	ず zu	ぜ ze	ぞ zo
D	だ da	ぢ (zi) [di]	づ (zu) [du]	で de	ど do
B	ば ba	び bi	ぶ bu	べ be	ぼ bo
P	ぱ pa	ぴ pi	ぷ pu	ぺ pe	ぽ po

[　]の中の書き方も使えます。《　》の中は，特別《とくべつ》な発音に使います。

とく点

点

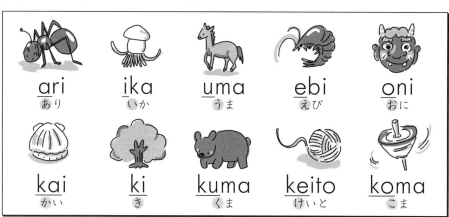

1 次のローマ字の言葉の読み方を，ひらがなで書きましょう。 （1つ6点）

(1) kaki （ かき ）　(2) neko （　　）

(3) tori （　　）　(4) inu （　　）

(5) medaka （　　）　(6) rakuda （　　）

2 次の言葉を，ローマ字で書きましょう。 （1つ8点）

(1) うめ

ume

(2) いか

(3) おの

(4) かわ

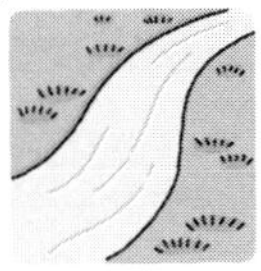

(5) きもの

(6) めがね

(7) おりがみ

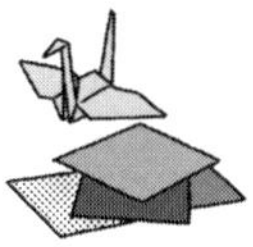

(8) ゆきだるま

わからなかったら，
右ページの
表を見てみよう。

①のばす音《おん》の書き表し方。

okâsan	otôsan	ozîsan
おかあさん	おとうさん	おじいさん

のばす音《おん》は，「a・i・u・e・o」の上に，「＾」を付《つ》けて書きます。

②つまる音《おん》の書き表し方。

kitte	rappa	sekken
きって	らっぱ	せっけん

つまる音《おん》は，次の字を二つ重ねて書き表します。

③小さい「ゃ・ゅ・ょ」の書き表し方。

isya	ningyo	omotyaya
いしゃ	にんぎょ	おもちゃや

きゃ kya	きゅ kyu	きょ kyo	りゃ rya	りゅ ryu	りょ ryo
しゃ sya [sha]	しゅ syu [shu]	しょ syo [sho]	ぎゃ gya	ぎゅ gyu	ぎょ gyo
ちゃ tya [cha]	ちゅ tyu [chu]	ちょ tyo [cho]	じゃ zya [ja]	じゅ zyu [ju]	じょ zyo [jo]
にゃ nya	にゅ nyu	にょ nyo	ぢゃ (zya) [dya]	ぢゅ (zyu) [dyu]	ぢょ (zyo) [dyo]
ひゃ hya	ひゅ hyu	ひょ hyo	びゃ bya	びゅ byu	びょ byo
みゃ mya	みゅ myu	みょ myo	ぴゃ pya	ぴゅ pyu	ぴょ pyo

[　]の中の書き方も使うことができます。

「きゃ・きゅ・きょ」などの音《おん》は，3字で書き表します。

④はねる音《おん》「ん(n)」の次に，「a・i・u・e・o」や「y」がくるときの書き表し方。

hon'ya	bon'odori
ほんや	ぼんおどり

はねる音《おん》「ん(n)」の次に，「a・i・u・e・o」や「y」がくるときは，「n」の後に「'」を付《つ》けて，読みまちがいをふせぎます。

とく点

点

1 次のローマ字の言葉の読み方を，ひらがなで書きましょう。　(1つ5点)

(1) bôsi　(ぼうし)　　(2) ozîsan　(　　　)

(3) rappa　(　　　)　　(4) zassi　(　　　)

(5) isya　(　　　)　　(6) densya　(　　　)

(7) hon'ya　(　　　)　　(8) den'en　(　　　)

2 次の言葉の書き表し方が正しいほうを，◯で囲《かこ》みましょう。　(1つ5点)

(1) こおり　{ kôri / kori }

(2) がっこう　{ gakokô / gakkô }

(3) マッチ　{ matti / matii }

(4) ちゃわん　{ tyawan / tiyawan }

3 次の言葉を，ローマ字で書きましょう。　(1つ8点)

(1) おかあさん　oka

(2) せっけん

(3) おもちゃや

(4) きんようび　kin'y

(5) ゆうびんきょく　yû

身の回りのローマ字

①地名や人名の書き表し方。

Tôkyô　TÔKYÔ
とうきょう　とうきょう

Satô-Ken'iti　Tanaka-Syôko
さとう　けんいち　たなか　しょうこ

地名や人名などは，最初《さいしょ》の１文字を大文字で書きます。地名などは，すべて大文字で書くこともあります。

②二通りの書き方があるもの。

しか　sika［shika］

ちば　Tiba［Chiba］

「し」や「ち」のように，二通りの書き方があるものがあります。［　］の書き方は，店のかん板《ばん》や道路の標《ひょう》しきなど，身の回りで多く使われています。

おぼえよう

- つり→turi［tsuri］
- ふね→hune［fune］
- ふじさん→Huzisan［Fujisan］
- しぶや→Sibuya［Shibuya］
- まんじゅう→manzyû［manjû］

◎コンピューターのローマ字入力

ローマ字で入力するとき，二通りの書き方があるものは，どちらで打ってもかまいません。

ふつう，「を」は「WO」，「ん」は「NN」と打ちますが，コンピューターによっては，ちがうこともあります。

とく点

点

1 次のローマ字の言葉の読み方を，ひらがなで書きましょう。 （1つ6点）

(1) shika （ しか ）　(2) tsume （　）

(3) washi （　）　(4) jûdô （　）

(5) Shibuya（　）　(6) HIMEJI（　）

(7) Fukushima（　）

2 次の人名を，ローマ字で書きましょう。 （1つ9点）

(1) たなか　けんいち　Tanaka-K

(2) かとう　まゆみ　K　-M

3 次の地名を，ローマ字で書きましょう。最初《さいしょ》の一文字だけ大文字で，あとは小文字で書きましょう。 （1つ10点）

(1) とうきょう　Tôkyô

(2) にっぽん　N

(3) ほっかいどう　H

(4) おおさか　Ô

42 ふく習《しゅう》ドリル⑥

（3・4は「ローマ字」の単元《たんげん》につき、横書きです）

とく点

点

1 次の漢字の部首と、部首の画数を書きましょう。（部首一つ2点・画数一つ3点）

部首

部首の画数

(1) 坂 → ・ 画

(2) 図 → ・ 画

(3) 管 → ・ 画

(4) 給 → ・ 画

(5) 関 → ・ 画

(6) 順 → ・ 画

2 漢字辞典《じてん》に出ている（画数の少ない）順《じゅん》に、番号をつけましょう。（全部できて一つ3点）

(1) 池 注 活 清

(2) 代 億 休 信

(3) 苦 菜 茶 花

(4) 悲 急 悪 想

3 次のローマ字の言葉の読み方を，ひらがなで書きましょう。（1つ4点）

(1) keito（　　　）　(2) medaka（　　　）

(3) okâsan（　　　）　(4) gakkô（　　　）

(5) densha（　　　）　(6) kon'ya（　　　）

(7) gyûnyû（　　　）

4 次の言葉を，ローマ字で書きましょう。（1つ3点）

(1) くま　(2) らくだ

(3) こおり　(4) せっけん

(5) しゃしん　(6) ほんや

(7) たっきゅう　(8) きんようび

(9) せんぷうき　(10) ぼんおどり

43 送りがな①

漢字の読み方と送りがな

漢字のあとに付《つ》けて、読み方をはっきりさせるかなを、「送りがな」といいます。

・冷

料理《りょうり》が冷《さ》める。

体が冷《ひ》える。

このように、――の送りがながあると、漢字の読み方が、はっきりわかります。

おぼえよう

・治

けがが治《なお》る。

国を治《おさ》める。

・覚

目が覚《さ》める。

顔を覚《おぼ》える。

送りがなをまちがえやすい言葉

漢字と送りがなを正しく書き表しましょう。

しあわせ　○ 幸せ　× 幸わせ

おぼえよう

- 幸《さいわ》い　・申《もう》す　・最《もっと》も　・働《はたら》く
- 連《つら》なる　・試《こころ》みる　・改《あらた》める
- 勇《いさ》ましい　・伝《つた》える　・果《は》たす

1 送りがなに注意して、――の漢字の読みがなを書きましょう。（一つ4点）

(1) けがが治（なお）る。　国を治（　）める。

(2) 道を教（　）える。　勉強を教（　）わる。

(3) 苦（　）い薬。　息が苦（　）しい。

(4) お茶が冷（　）める。　体が冷（　）える。

(5) 目が覚（　）める。　字を覚（　）える。

(6) 細（　）い川。　細（　）かい部品。

とく点　　点

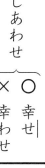

2 ――の言葉の送りがなを書きましょう。（一つ4点）

(1) しあわせな気持ち。　幸（　　）

(2) 試合《しあい》をもうしこむ。　申（　　）

(3) 山脈《さんみゃく》がつらなる。　連（　　）

(4) 弟との約束《やくそく》をはたす。　果（　　）

(5) 母は新聞社ではたらく。　働（　　）

(6) 日本《にっぽん》でもっとも高い山。　最（　　）

(7) 節約《せつやく》をこころみる。　試（　　）

(8) まちがいをあらためる。　改（　　）

3 ――の言葉は、送りがながまちがっています。右側《みぎがわ》に漢字と送りがなを正しく書きましょう。（一つ4点）

〈れい〉 辞典《じてん》を使って、言葉を調る（しらべる）。　調べる

(1) 朝からばんまで働らく（はたらく）。

(2) 勇さましい（いさましい）かけ声がひびく。

(3) 学級で、最とも（もっとも）力が強いのはだれですか。

(4) 明日《あす》の予定を伝たえる（つたえる）。

(5) 道路に車が連らなる（つらなる）。

44 送りがな②

送りがなの変《か》わる言葉

動きを表す言葉や様子を表す言葉は、□のように送りがなが変《か》わります。

① 動きを表す言葉。

書［か］ない。
書［き］ます。
書［く］とき、…
書［け］ば、…
書［こ］う。
書［い］た。

勝［た］ない。
勝［ち］ます。
勝［つ］とき、…
勝［て］ば、…
勝［と］う。
勝［っ］た。

負［け］ない。
負［け］ます。
負［ける］とき、…
負［けれ］ば、…
負［け］よう。
負［け］た。

② 様子を表す言葉。

長［かっ］た。
長［く］ない。
長［く］なる。
長［い］道路。
長［けれ］ば、切る。

悲［しかっ］た。
悲［しく］ない。
悲［しく］なる。
悲［しい］物語。
悲［しけれ］ば、泣《な》く。

1 □に合う送りがなを書きましょう。（一つ4点）

(1) 遊ぶ

台所では遊①［ば］ない。
テレビゲームで遊②［　］ます。
外で遊③［　］ば、きっと楽しい。
昨日《きのう》、兄と二人《ふたり》で遊④［ん］だ。

(2) 起きる

毎朝七時に起①［き］ます。
朝、起②［き］［　］とき、とてもねむい。
早く起③［　］［　］ば、ちこくしない。
今日《きょう》は、おそく起④［　］た。

とく点　　点

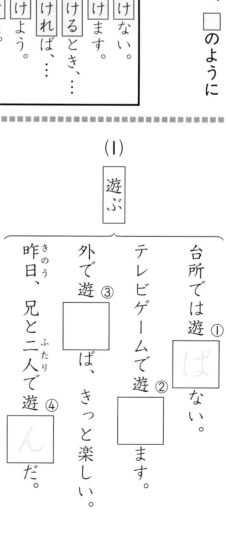

2 □に合う送りがなを書きましょう。（一つ4点）

(1) 深い

① 思ったより、あなは深【かっ】た。

② 学校のプールは深□ない。

③ 深□森に入る。

④ きずが深□□ば、病院に行こう。

(2) 楽しい

① 遊園地は楽【しかっ】た。

② 学校が楽□□なる。

③ 楽□□夏休みが、やってくる。

④ 楽□□□ば、それでいい。

3 □の言葉を、文に合う形で（　）に書きましょう。（一つ6点）

(1) 勝つ

① 野球の試合《しあい》に（　　　）ます。

② ゲームに（　　　）ば、景品《けいひん》がある。

(2) 安い

① （　　　）たので、たくさん買った。

② ねだんが（　　　）ば、うれしい。

(3) 親しい

① 田中さんとはあまり（　　　）ない。

② （　　　）友人と会う。

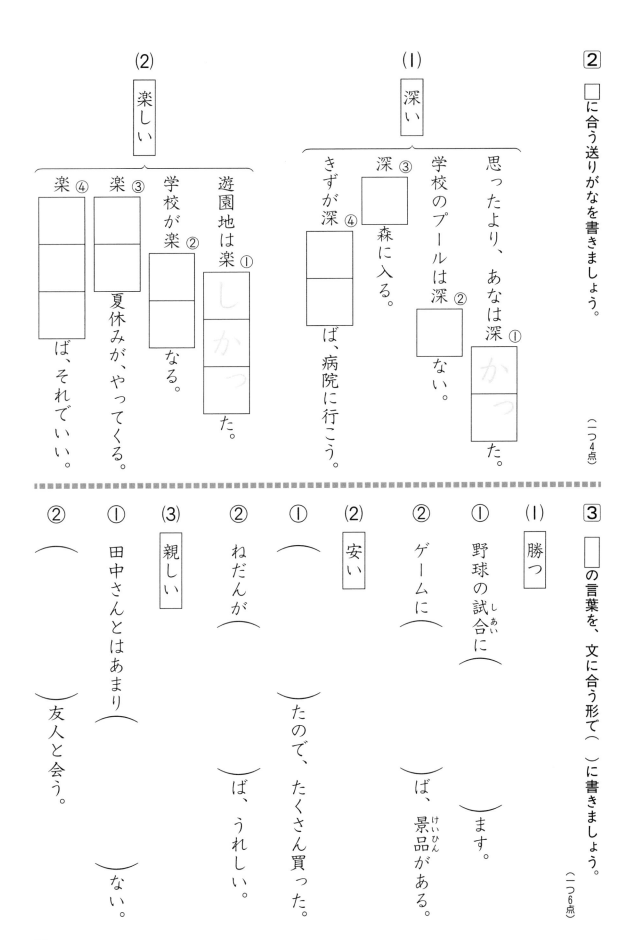

45 符《ふ》号《ごう》の使い方①

句点《くてん》(。)と読点《とうてん》(、)の使い方

文を書くときに使う、丸(。)を「句点《くてん》」、点(、)を「読《とう》点《てん》」といいます。二つをあわせて、「句読点《くとうてん》」といいます。

わたしは、まゆみさんの家に行った。
晴れていたので、外で遊んだ。

句点《くてん》(。)は、文の終わりにつけます。
読点《とうてん》(、)は、文の中の意味の切れめにつけます。

読んでみよう

- ちょうが、ふわふわと飛《と》んでいる。
- 昨日《きのう》、洋服を買ってもらった。
- 体育館へ行くと、試合《しあい》が始まっていた。
- ろうかで転んだが、けがをしなかった。
- 大声でよんだ。でも、だれもふり向かなかった。
- 雨がふれば、運動会は中止になります。
- はい、ぼくは四年生です。

1 □に句点《くてん》(。)か読点《とうてん》(、)を書きましょう。 ((1)一つ2点、(2)〜(6)一つ3点)

(1) ねこが□ニャーと鳴いた□

(2) ぼくは□七時に起きた□

(3) 今日《きょう》□デパートへ行きます□

(4) 駅に着くと□友だちが待っていた□

(5) かぜを引いたので□学校を休んだ□

(6) 薬を飲んだが□熱《ねつ》が下がらない□

とく点

点

2 次の文や文章に、句点《くてん》（。）を一つずつ書きましょう。（一つ5点）

(1) 「おばあさんが、ゆっくり　歩いて　いる」

(2) 「昨日《きのう》、ピアノの　教室へ　行った」

(3) 「夜に　なれば、父が　帰って　くる」

(4) 「外に　出ると、雨が　ふって　いた」

(5) 「荷物が　重かったので、兄に　持って　もらった」

(6) 「雪が　ふった　でも、すぐに　とけて　しまった。」

3 意味の切れめに注意して、次の文や文章に、読点《とうてん》（、）を一つずつ書きましょう。（一つ6点）

(1) 「一週間前　サッカーの　大会に　出た。」

(2) 「きれいな　鳥が　庭の　木に　とまった。」

(3) 「お茶を　買うと　おまけが　ついて　くる。」

(4) 「電話を　かけたが　だれも　出なかった。」

(5) 「自転車を　買って　もらったので　友だちと　サイクリングに　出かけた。」

(6) 「お客さんが　やって　きた。でも　ぼくは　気が　つかなかった。」

46 符《ふ》号《ごう》の使い方②

とく点　　点

読点《とうてん》(、)と、かぎ(「」)をつけるところ

①読点《とうてん》(、)をつけるところがちがうと、文の意味も変《か》わることがあります。

あ ぼく、はしっている。

い ぼくは、しっている。

ポイント あは「走る」、いは「知る」の意味になります。

②かぎ(「」)は、人が話した言葉(会話)につけます。

(一ますあける)

わたしは、

「何の花が好《す》き。」

と、まり子さんに聞

きました。

ポイント 会話は、行を変《か》えて書きます。また、会話の終わりは、句点《くてん》(。)とかぎ(」)を、同じますに入れます。

1 次の文に、かぎ(「」)をひと組ずつ書きましょう。(一つ5点)

(1) たけし君が、「おはよう。」と言いました。

(2) どうしたの。と、おばあさんが声をかけた。

(3) お母《かあ》さんが、ご飯《はん》を残《のこ》さず食べなさい。と、弟に注意しました。

(4) いっしょに歌いましょう。と、先生がクラスのみんなによびかけた。

2 〈 〉の意味に合うように、読点《とうてん》（、）を一つ書きましょう。（一つ8点）

(1) 〈着物をぬぐ〉
〔ここでは、きものをぬぐ。〕

(2) 〈はき物をぬぐ〉
〔ここではきものをぬぐ。〕

(3) 〈ねころぶ〉
〔わたしねころんだの。〕

(4) 〈歯ブラシを使う〉
〔ぼくはブラシを使うよ。〕

(5) 〈医者になる〉
〔わたしはいしゃになりたい。〕

3 次の〔 〕の文章に、かぎ（「 」）をつけて、左の□に書きましょう。（全部書けて一つ20点）

(1)
〔あやさんは、
どうも、ありがとう。
と、お礼を言いました。〕

あやさんは、

(2)
〔どこへ行くの。
と、お父《とう》さんが聞いた。
まさお君の家だよ。
と、ぼくは答えた。〕

47 符号《ふごう》の使い方③

かぎ(「 」)、中点(・)、ダッシュ(——)

かぎ(「 」)、中点(・)、ダッシュ(——)の使い方を覚えましょう。

①会話以外《いがい》の、かぎ(「 」)の使い方。

- 「なぜ芽《め》が出ないのだろう。」と、思った。
- 「花の育て方」という本には、「花によって種《たね》をまく季節《きせつ》がちがいます。」と、書いてあった。

かぎ(「 」)は、思ったことや、書名、題名を書くとき、文や文章を引用するときにも使います。

②中点(・)、ダッシュ(——)の使い方。

- すいせん・すみれ・チューリップがさいた。
- 「せっかくさいたのに——。」と、妹が言った。
- わたしのゆめ——園芸《えんげい》の名人になる——そのために、これからもがんばりたい。

中点(・)は、言葉をならべるときに、ダッシュ(——)は、文末《ぶんまつ》をとちゅうで止める場合や、説明《せつめい》をおぎなう場合に使います。

1 かぎ(「 」)の使い方が正しいほうに、○をつけましょう。(一つ10点)

(1)
- (○)わたしは、図書室で「ごんぎつね」を借《か》りた。
- ( )わたしは、図書室で「ごんぎつねを借《か》りた。」

(2)
- ( )遊びたいな。と、「ぼくは思った。」
- ( )「遊びたいな。」と、ぼくは思った。

(3)
- ( )昨日《きのう》、「校内スポーツ大会」が行われた。
- ( )「昨日《きのう》、校内スポーツ大会」が行われた。

とく点　　点

2 中点（・）、ダッシュ（――）の使い方が正しいほうに、◯をつけましょう。（一つ10点）

(1)
（◯）森さん・田中さん・山本さんが、リレーの選手《せんしゅ》に選《えら》ばれた。
（　）森さん田中さん山本さんが・リレーの選手《せんしゅ》に・選《えら》ばれた。

(2)
（　）「くやしい――よ。でも。」と、さとる君がつぶやいた。
（　）「くやしいよ。でも――。」と、さとる君がつぶやいた。

(3)
（　）今年《ことし》の目標《もくひょう》――あいさつをする――は、達成《たっせい》できたと思う。
（　）――今年《ことし》の目標《もくひょう》――あいさつをするは、達成《たっせい》できたと思う。

3 次の文に、かぎ（「」）をひと組ずつ書きましょう。（一つ10点）

(1)
わたしたちのクラスは、「第五回合唱《がっしょう》コンクール」に出場します。

(2)
家に帰ると、弟がいなかった。どこへ行ったのだろう。と、ぼくは思った。

(3)
昨日《きのう》、お父《とう》さんが、イソップ童話　を買ってくれた。

(4)
「消費《しょうひ》」を辞典《じてん》で引くと、もの・お金・労力《ろうりょく》などを、使ってなくすこと。　と書いてあった。

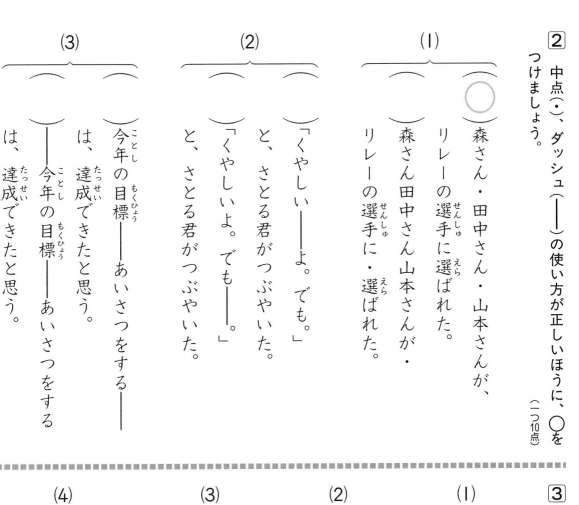

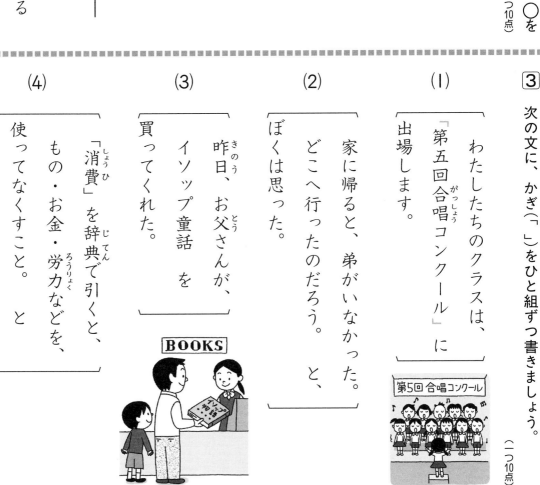

48 ふく習《しゅう》ドリル⑦

1 ——の言葉の送りがなを書きましょう。（一つ4点）

(1) 高い山がつらなる。 連（　　）
(2) 機械《きかい》工場ではたらく。 働（　　）
(3) 思いをつたえる。 伝（　　）
(4) もっとも高い山。 最（　　）
(5) 生活をあらためる。 改（　　）
(6) いさましい歌。 勇（　　）
(7) さいわい無《む》きずだった。 幸（　　）

2 □の言葉を、文に合う形で、（　）に書きましょう。（一つ5点）

(1) 遊ぶ
① 兄弟で（　　）ます。
② 川へ行って（　　）う。

(2) 低《ひく》い
① 気温が（　　）ば、雪がふるだろう。
② 去年は、兄よりせいが（　　）た。

(3) 親しい
① となりの家の人と（　　）なる。
② （　　）ない人とも積極的《せっきょくてき》に話す。

とく点　　点

3 次の「　」の文章に、かぎ（「　」）をふた組つけて、左の□に書きましょう。（全部書けて22点）

「
わたしは、
運動会が楽しみだね。
と言った。まきさんは、
きんちょうする。
と答えた。なぜなら、ま
きさんはリレーの選手《せんしゅ》だ
からだ。
」

4 次の文に、かぎ（「　」）をひと組ずつ書きましょう。（一つ5点）

(1)
「ぼくは、兄から　イソップ童話　を
借《か》りて読んだ。」

(2)
「教科書が見当たらないので、
こまったなあ。　と、わた
しは思った。」

(3)
「たまねぎをみじん切りにし
てください。と、料理《りょうり》の本に
は書いてある。」

(4)
「今日《きょう》は、　第二回緑町《みどりまち》運動
会　が開かれます。
ぼくの弟が、この大会に出
場します。」

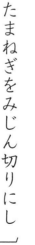

49

文の組み立て①

文の四つの形

主語とじゅつ語《ご》の組み合わせには、次の四つのものがあります。

▼主語 ▼じゅつ語

① 何が(は)／だれが(は) ― どうする(どうした)。

れい ●さくらがさく。 ●先生がおこった。

② 何が(は)／だれが(は) ― どんなだ。

れい ●教室が静《しず》かだ。 ●妹はかわいい。

③ 何が(は)／だれが(は) ― 何だ。

れい ●きつねは動物だ。 ●田中さんは医者だ。

④ 何が(は)／だれが(は) ― ある。／いる。

れい ●近くに駅がある。 ●教室に友だちがいる。

1 □―□と同じ形の文を選《えら》んで、○をつけましょう。（一つ5点）

(1) 何が(は) ― どうする。

（　）小鳥が　鳴く。

（　）ぞうは　大きい。

(2) 何が(は) ― どんなだ。

（　）きゅうりは　野菜《やさい》だ。

（　）氷は　冷《つめ》たい。

(3) 何が(は) ― 何だ。

（　）チューリップは　花だ。

（　）池に　こいが　いる。

(4) 何が(は) ― ある。

（　）牧場《ぼくじょう》の　牛が　歩く。

（　）つくえに　本が　ある。

とく点

点

2 絵を見て、□に合う「どうする」にあたる言葉を書きましょう。（一つ8点）

(1)

羊が　メーメー［　］。（鳴く）

(2)

馬が　水を［　］。

(3)

金魚が　すいすい［　］。

(4)

飛行機《ひこうき》が　空を［　］。

(5)

兄が　運動場を［　］。

3 絵を見て、□に合う「どんなだ」にあたる言葉を、┆┆から選《えら》んで書きましょう。（一つ10点）

(1)

へびの　体は［　］。（長い）

(2)

ご飯《はん》と　みそしるが［　］。

(3)

夜の　道は［　］。

(4)

箱の　荷物が［　］。

長い・暗い・重い・温かい

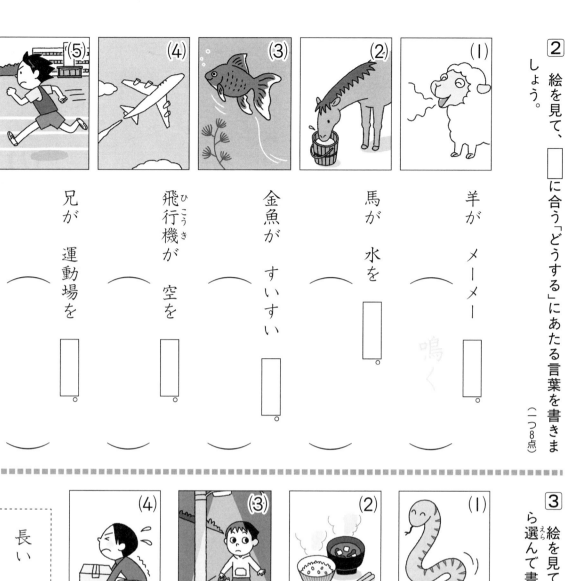

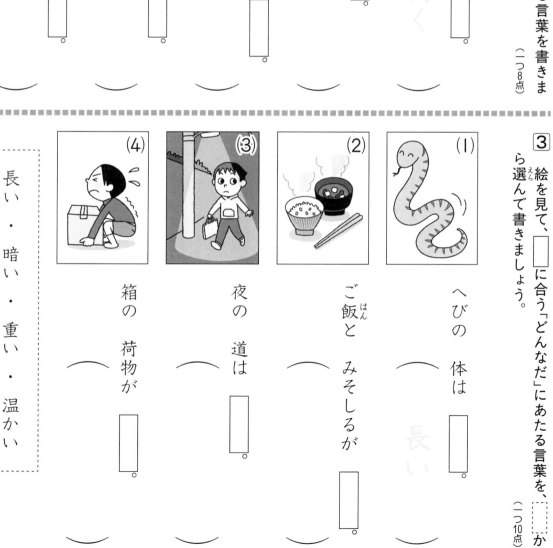

50 文の組み立て②

1 絵を見て、□に合う「何だ」にあたる言葉を、┆┆から選《えら》んで書きましょう。（一つ5点）

(1)

庭の　花は　□。

（　　　　）

(2)

わたしの　弟は　□。

（　　　　）

(3)

あの　建物《たてもの》は　□。

（　　　　）

(4)

ただし君の　家は　□。

（　　　　）

一年生だ・朝顔だ・農家だ・水族館だ

2 絵に合う文になるように、（　）に「ある」か「いる」を書きましょう。（一つ6点）

(1)

テーブルに　皿が　（　　　　）。

(2)

校門の　前に　姉が　（　　　　）。

(3)

動物園に　象《ぞう》が　（　　　　）。

(4)

港の　入り口に　灯台《とうだい》が　（　　　　）。

とく点

点

3 絵を見て、□に合う言葉を、⬚から選《えら》んで書きましょう。（一つ6点）

(1)

［何が］ チーズを 食べる。
（ねずみが）

(2)

わたしは 着物を ［どうする］。
（　　　）

(3)

花びんの ばらが ［どんなだ］。
（　　　）

(4)

なおみさんの 兄は ［何だ］。
（　　　）

着る ・ 美しい ・ 学級委員だ ・ ねずみが

4 絵を見て、○―□と同じ形の文を作りましょう。（一つ8点）

(1)

（何が）―［どうする］。
さるが 木に 登る。

(2)

（だれは）―［何だ］。
ぼくの

(3)

（何は）―［どんなだ］。
ねこの

(4)

（何が）―［ある］。
家の庭に

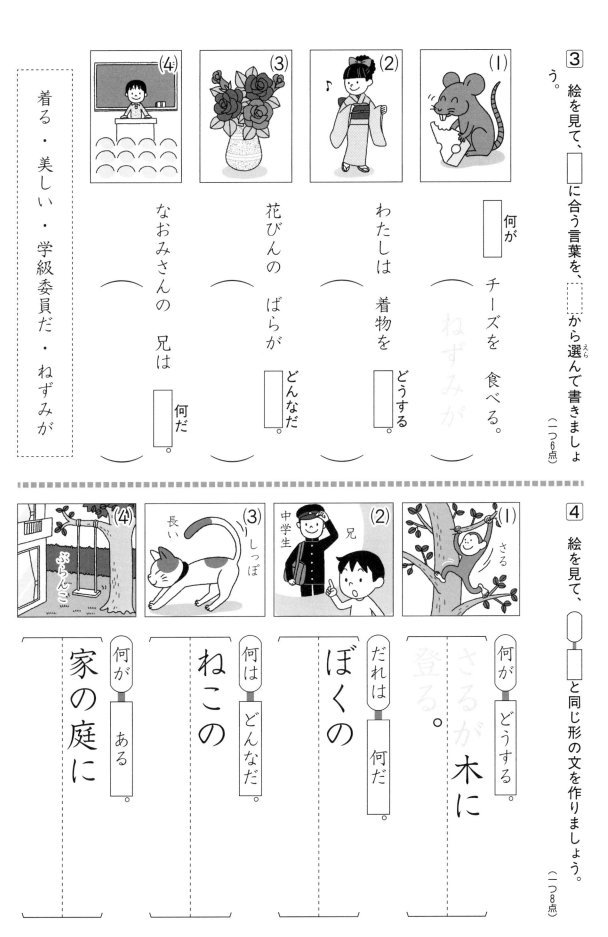

51 くわしくする言葉①

しゅうしょく語《ご》①

□のように、ほかの言葉をくわしくして、意味をはっきりさせる言葉を「しゅうしょく語《ご》」といいます。

象《ぞう》が　歩く。

どんな　大きな　象《ぞう》が　どのように　ゆっくり　歩く。

「大きな」はどんな「象《ぞう》」かを、「ゆっくり」はどのように「歩く」かをはっきりさせる言葉です。

読んでみよう

- スープを　冷《さ》ます。
  熱《あつ》い　スープを　ふうふう　冷《さ》ます。
- 子犬を　なでる。
  小さな　子犬を　やさしく　なでる。
- ばらは　美しい。
  白い　ばらは　とても　美しい。

1　——の言葉（しゅうしょく語《ご》）がくわしくしている言葉を書きましょう。（一つ6点）

(1) 大きな　皿が、ガチャンと　われる。（　　）

(2) 長い　しっぽを　ぴんと　のばす。（　　）

(3) やわらかい　ふろしきで　しっかり　包《つつ》む。（　　）

(4) 冷《つめ》たい　水で　バシャバシャ　あらう。（　　）

(5) 美しい　写真を　じっと　見る。（　　）

とく点　　点

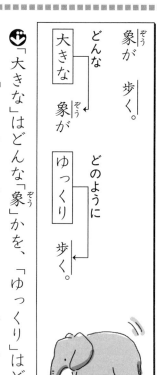

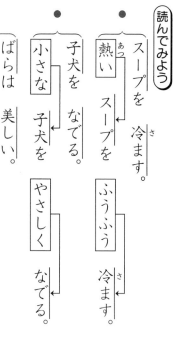

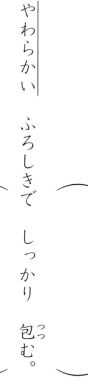

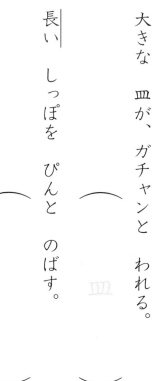

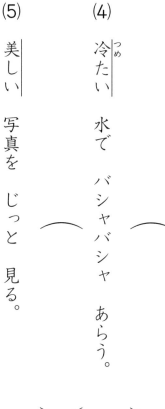

2 ――の言葉（しゅうしょく語《ご》）がくわしくしている言葉を書きましょう。（一つ8点）

(1) かわいい　子犬が、<u>キャンキャン</u>　ほえる。
（ほえる）

(2) 強い　風が、<u>ビュービュー</u>　ふく。
（　　　）

(3) 静《しず》かな　部屋《へや》で　<u>ぐっすり</u>　ねる。
（　　　）

(4) やさしい　先生が、<u>にっこり</u>　笑《わら》う。
（　　　）

(5) 広い　運動場で　<u>ときどき</u>　走る。
（　　　）

3 絵を見て、（　）に合う言葉を、[　]から選《えら》んで書きましょう。（一つ5点）

(1)

（　　　）朝に
（　　　）ふるえる。

(2)

（　　　）お湯を
（　　　）注ぐ。

(3)

（　　　）花びらが
（　　　）散《ち》る。

小さい・ぶるぶる・熱《あつ》い
寒い・ひらひら・たっぷり

52 くわしくする言葉②

しゅうしょく語《ご》②

「どんな」と「どのように」のちがいを考えましょう。

わたしは、小さい ケーキを 切る。（どんな）

わたしは、小さく ケーキを 切る。（どのように）

「小さい」は「どんな」に、「小さく」は「どのように」にあたるしゅうしょく語《ご》です。「どんな」はものごとを、「どのように」は動きをくわしくしています。

読んでみよう

- ぼくは、安い たまごを 買った。（どんなたまご）
- ぼくは、安く たまごを 買った。（どのように買った）
- 強い 風が ふいた。（どんな風）
- 強く 風が ふいた。（どのようにふいた）
- わたしは、明るい 教室へ 入る。（どんな教室）
- わたしは、明るく 教室へ 入る。（どのように入る）

1 ――の言葉（しゅうしょく語《ご》）がくわしくしている言葉を書きましょう。（一つ6点）

(1) ぼくは、速い 電車に 乗る。（電車）

(2) はげしい 雨が ふる。（　　）

(3) 先生が、正しい 漢字を 書く。（　　）

(4) わたしは、静《しず》かな 部屋《へや》で 勉強した。（　　）

(5) ねこが、高い 屋根に 上る。（　　）

とく点　　点

2 ——の言葉（しゅうしょく語《ご》）がくわしくしている言葉を書きましょう。（一つ6点）

(1) チーターが、速く 走る。
（走る）

(2) 父の 名前を 正しく 書く。
（　　）

(3) ぼくは、はげしく 戸を たたく。
（　　）

(4) 妹が、大きく 手を ふる。
（　　）

(5) ぼくは、静《しず》かに 部屋《へや》で 本を 読む。
（　　）

3 ——の言葉をくわしくする言葉（しゅうしょく語《ご》）を使って、絵に合う文を作りましょう。（一つ10点）

(1)

夜道を 歩く。

暗い夜道を歩く。

(2)

プールで 泳ぐ。

(3)

たいこを たたく。

たいこを強くたたく。

(4)

かべを ぬる。

かべを

53 くわしくする言葉③

とく点
点

しゅうしょく語《ご》③

しゅうしょく語《ご》には、次のような働《はたら》きをする言葉もあります。

兄は　泳いだ。

兄は、海で　泳いだ。（どこで）

兄は、今日《きょう》、海で　泳いだ。（いつ）

「海で」は「どこで」泳いだのかを、「今日《きょう》」は「いつ」泳いだのかをくわしく説明《せつめい》しています。

読んでみよう

ぼくは　走った。

・ぼくは、昨日《きのう》、グラウンドで　走った。

母が、料理《りょうり》を　作った。

・母が、さっき、台所で　料理《りょうり》を　作った。

1 次の文から、「いつ」にあたる言葉を書きましょう。（一つ6点）

(1) わたしは、昨日《きのう》、本屋に　行った。（昨日）

(2) ぼくは、明日《あす》、湖に　出かける。（　　　）

(3) 今日《きょう》、畑で　野菜《やさい》を　とった。（　　　）

(4) 朝、駅で　おじさんに　会った。（　　　）

(5) 一時間前、たけし君に　電話を　かけた。（　　　）

2 次の文から、「どこで」にあたる言葉を書きましょう。（一つ6点）

(1) ぼくは、庭で 犬と 遊んだ。
（庭で）

(2) 姉は、部屋《へや》で ラジオを 聞いている。
（　）

(3) わたしは、博物館《はくぶつかん》で 土器《どき》を 見た。
（　）

(4) 父は、港で 客船に 乗る。
（　）

(5) 昨日《きのう》、神社で おみくじを 引いた。
（　）

3 絵に合うように、しゅうしょく語《ご》を使って、〈 〉の文をくわしくしましょう。（一つ10点）

〈父が、夕食を作った。〉

父が、台所で 夕食を作った。

〈わたしは、ボートに乗る。〉

〈自動車が、止まる。〉

〈ぼくは、花束《はなたば》を買った。〉

54 こそあど言葉①

「こそあど言葉」の働《はたら》き

言葉の初《はじ》めに「こ・そ・あ・ど」がつく、ものごとなどをさししめす言葉を「こそあど言葉」といいます。

	こ（話し手に近い）	そ（相手に近い）	あ（どちらからも遠い）	ど（はっきりしない）
ものごと	これ	それ	あれ	どれ
	この	その	あの	どの
場所	ここ	そこ	あそこ	どこ
方向	こちら	そちら	あちら	どちら
様子	こんな	そんな	あんな	どんな

読んでみよう

●
これは、かぜ薬です。
それは、かぜ薬です。
あれは、かぜ薬です。
どれが、かぜ薬ですか。

●
ここが、庭です。
そこが、庭です。
あそこが、庭です。
どこが、庭ですか。

●
この本は、古い。
その本は、古い。
あの本は、古い。
どの本が、古いですか。

1 次の空いている□にあてはまる、こそあど言葉を書きましょう。（一つ3点）

	こ（話し手に近い）	そ（相手に近い）	あ（どちらからも遠い）	ど（はっきりしない）
ものごと	これ	それ	(1)	どれ
	(2)	その	あの	(3)
場所	ここ	(4)	(5)	どこ
方向	(6)	(7)	あちら	どちら
様子	こんな	そんな	あんな	(8)

とく点
点

2 絵を見て、（　）に合うこそあど言葉を、[ ]から選《えら》んで書きましょう。（一つ9点）

(1) （　　）は、ぼくのランドセルです。

これ ・ あれ

(2) （　　）ボールは、ぼくのボールです。

この ・ あの

(3) （　　）は、わたしのおばの家です。

そこ ・ どこ

(4) （　　）が、わたしのぼうしですか。

これ ・ どれ

3 絵を見て、（　）に合うこそあど言葉を、[ ]から選《えら》んで書きましょう。（一つ10点）

(1) （　　）は、ぼくが通っている小学校です。

(2) （　　）は、とてもおもしろい本だ。

(3) （　　）へ来てください。

(4) （　　）絵は、有名な画家がかいたものです。

あそこ ・ こちら ・ それ ・ この

55 こそあど言葉②

とく点
点

こそあど言葉の使い方①

同じことがらは、「こそあど言葉」を使って、書きかえることができます。

おもしろいまんがを買った。
わたしは、おもしろいまんがを読んだ。
わたしは、それを読んだ。

それは、「おもしろいまんが」を書きかえた言葉です。書きかえることで、同じことがらをくり返さないで、短く書き表すことができます。

読んでみよう

● となり町に、大きなスーパーマーケットがある。
母はいつも、大きなスーパーマーケットで買い物をする。
母はいつも、そこで買い物をする。

1 ——の言葉をさししめすこそあど言葉を使って、文章を作ります。｛　｝から合うほうを選《えら》んで、○で囲《かこ》みましょう。
（(1)・(2)一つ8点、(3)一つ9点）

(1) 黄色のワンピースを買ってもらった。｛それ／この｝を着て、学校へ行った。

(2) 昨日《きのう》、学校の図書室で本をさがした。でも、｛その／そこ｝には、置《お》いていなかった。

(3) ぼくは、大きな皿をわってしまった。｛それ／どれ｝は、おじいさんが大事にしているものだった。

2 （　）にあてはまるこそあど言葉を、[　]から選《えら》んで書きましょう。（一つ10点）

(1) 昨日《きのう》、古いしろを見に行きました。
（　　　）で、記念《きねん》写真をとりました。

(2) わたしは、白くて大きい犬をかっています。
（　　　）犬の名前は、チャッピーといいます。

(3) 街角《まちかど》で、焼《や》きたてのパンを売っていた。
（　　　）は、とてもいいにおいがした。

そこ・それ・そんな・その

3 こそあど言葉を使って、〈　〉の文を書きかえましょう。（一つ15点）

(1) 新しいサッカーボールが転がっている。
〈新しいサッカーボールは、兄のものだ。〉

それは、兄のものだ。

(2) たん生日《じょうび》に、天体望遠鏡《ぼうえんきょう》を買ってもらった。
〈天体望遠鏡《ぼうえんきょう》で、月のクレーターを見た。〉

それで、

(3) 昨日《きのう》、写生大会で、広い植物園に行った。
〈広い植物園で、やまゆりの絵をかいた。〉

56 こそあど言葉③

「こそあど言葉」は、文章中のことがらをさししめしています。

こそあど言葉の使い方②

美しい山が写っている。
それは、ふじ山だ。

それは「美しい山」をさしています。
このように、「こそあど言葉」の多くは前に出てきたことがらをさします。

読んでみよう

- 新しいサッカーボールが転がっている。それは、たけし君のものだ。
- 昨日《きのう》、兄と駅前の大通りを歩いた。そこには、たくさんの店があった。
- さやかさんは、古い神社へ行った。そこでは、毎年八月にお祭りが行われる。

1 □のこそあど言葉がさしていることがらを選《えら》んで、○をつけましょう。（一つ10点）

(1) 昨日《きのう》、たかし君の本を借《か》りた。今日《きょう》、それをたかし君に返す。

（　）たかし君の本
（　）たかし君

(2) 広い牧場《ぼくじょう》で、かわいい子馬が走っていた。それは、今年《ことし》の春に生まれたそうだ。

（　）広い牧場《ぼくじょう》
（　）かわいい子馬

(3) 近くの花屋さんで、カーネーションを買った。そこでは、ばらやゆりも売っていた。

（　）ばらやゆり
（　）近くの花屋さん

とく点
点

2 □のこそあど言葉がさしていることがらを書きましょう。（一つ10点）

(1) たろう君は、新しいくつをはいています。それは、ぼくのくつと同じ物です。

（新しい　　　）

(2) ここから、大きな病院が見えます。ぼくの父は、そこで働《はたら》いています。

（　　　　　　）

(3) 昨日《きのう》、昔住んでいた家をたずねた。そこには、新しい人が住んでいた。

（昔　　　　　）

(4) お母《かあ》さんが、わたしのかいた絵をほめてくれた。そして、それを部屋《へや》のかべにはった。

（　　　　　　）

3 ——のこそあど言葉がさしていることがらを書きましょう。（一つ10点）

市の運動場では、陸上《りくじょう》の大会が行われています。(1)それには、ぼくの友だちが出場しています。

(1)（　　　　　　）

家族で、家庭用品の店へ買い物に行った。(2)そこでは、いろいろな商品を安く売っている。お父《とう》さんは、じょうぶな木材《もくざい》を買った。(3)それで、犬小屋を作るそうだ。

(2)（　　　　　　）

(3)（　　　　　　）

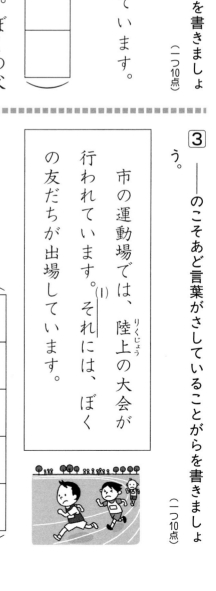

57 ふく習《しゅう》ドリル⑧

1 次の文の主語とじゅつ語《ご》にあたる言葉を書きましょう。（一つ5点）

(1) わたしの弟は、二年生だ。

◀主語（　　）　◀じゅつ語《ご》（　　）

(2) お母《かあ》さんは、台所で料理《りょうり》を作る。

◀主語（　　）　◀じゅつ語《ご》（　　）

(3) 白いはとが、豆を食べる。

◀主語（　　）　◀じゅつ語《ご》（　　）

(4) 姉のかみの毛は、とても長い。

◀主語（　　）　◀じゅつ語《ご》（　　）

2 ——の言葉（しゅうしょく語《ご》）がくわしくしている言葉を書きましょう。（一つ4点）

(1) 小さな　魚が、すいすい　泳ぐ。（　　）

(2) 温かい　ご飯《はん》を　いっぱい　食べる。（　　）

(3) 長い　文章を　ゆっくり　読んだ。（　　）

(4) 暗い　部屋《へや》で　しくしく　泣《な》く。（　　）

(5) 悲しい　物語を　ときどき　読む。（　　）

とく点

点

3 ――の言葉(しゅうしょく語《ご》)がくわしくしている言葉を書きましょう。(一つ4点)

(1) ぼくは、大きい 箱を 持った。
(　　)(　　)

(2) わたしは、明るい 道を 通る。
(　　)(　　)

(3) 母が、きれいな 洋服を 着る。
(　　)(　　)

(4) 弟は、大きく 旗《はた》を ふった。
(　　)(　　)

(5) ぼくは、強く たいこを たたく。
(　　)(　　)

4 □のこそあど言葉がさしていることがらを書きましょう。(一つ5点)

(1) ランドセルの中に、算数の教科書を入れました。明日《あす》、学校で[それ]を使います。
(　　　　　　)

(2) 学校のうらに、古い神社がある。[そこ]では、毎年、大きな祭りが行われる。
(　　　)

(3) 父は、昼食に、カレーライスを作った。[それ]は、ぼくと弟の大好物《だいこうぶつ》だ。
(　　　　　　)

(4) わたしの住む町に、自動車の工場ができました。[そこ]では、たくさんの人が働《はたら》いています。
(　　　　　　)

58 文をつなぐ言葉①

文をつなぐ言葉の役《やく》わり

文と文をつなぐ言葉（接続語《せつぞくご》）があります。二つのことがらをつないで、前の文と後の文の関係《かんけい》をはっきりさせます。

おなかがすいた。

だから、

あ おやつを食べた。

でも、

い 何も食べなかった。

また、

う のどもかわいた。

あは、上の文の結果《けっか》を説明《せつめい》しています。いは、上の文から予想されない結果《けっか》になっています。うは、上の文に付《つ》け加《くわ》えています。

1 使い方が正しいほうを、○で囲《かこ》みましょう。（一つ5点）

(1) 風がふいた。｛（だから）・でも｝、風車《かざぐるま》が回った。

(2) 風がふいた。｛だから・でも｝、さくらの花は散《ち》らなかった。

(3) 道にまよった。｛だから・また｝、地図を見た。

(4) 道にまよった。｛だから・また｝、地図もない。

とく点　　点

2 (　)に合う言葉を、[　]から選《えら》んで書きましょう。([　]の言葉は二回使ってもよい。)(一つ8点)

(1) 野球の試合《しあい》に負けた。(　　)、くやしくて泣《な》いた。

(2) あたたかくなってきた。(　　)、ぼくはまだコートを着ている。

(3) 雨がふった。(　　)、風もふいた。

(4) 友だちと約束《やくそく》した。(　　)、その約束《やくそく》を守れなかった。

(5) おじはアメリカへ行った。(　　)、フランスにも行ったことがある。

だから ・ でも ・ また

---

3 絵に合うように、次の言葉に続《つづ》けて、文を作りましょう。(一つ10点)

(1) 昨日《きのう》、早くねた。

①

だから、早く起きた。

②

でも、早く

(2) ケーキをたくさん食べた。

①

だから、

②

また、

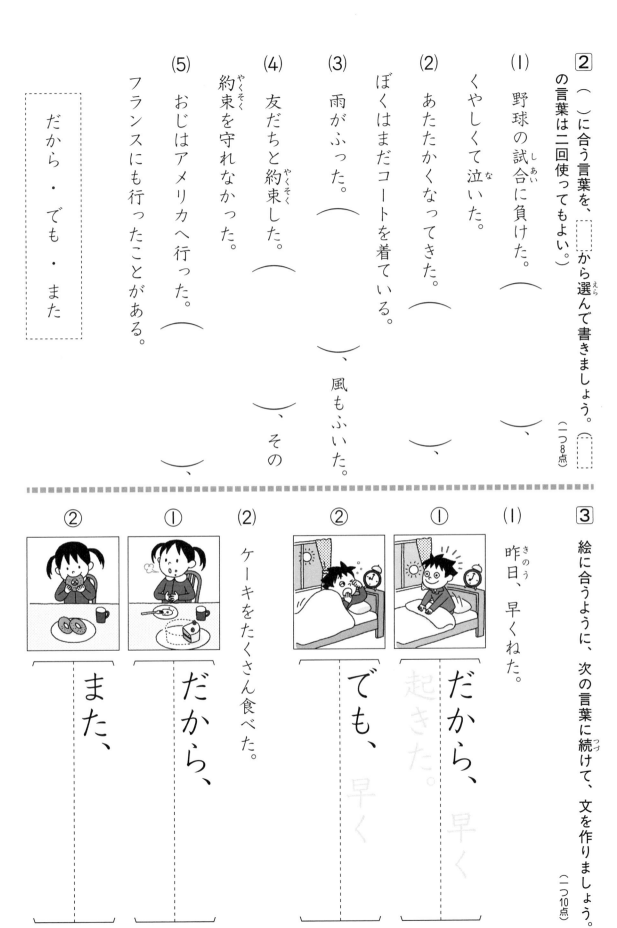

59 文をつなぐ言葉②

同じ働《はたら》きをする言葉

文をつなぐ言葉（接続語《せつぞくご》）には、同じ働《はたら》きをするものがあります。

たかし君が家に来た。
だから、
すると、
それで、
ですから、
いっしょに遊んだ。
でも、
しかし、
けれど、
ところが、
すぐに帰った。
また、
そして、
さらに、
まさる君も来た。

1 文に合うほうの言葉を、◯で囲《かこ》みましょう。（一つ5点）

(1) 春になった。（それで・しかし）、チューリップの花がさいた。

(2) 春になった。（すると・しかし）、チューリップの花はさかなかった。

(3) ぼくは算数が好《す》きだ。（さらに・けれど）、国語は好《す》きではない。

(4) ぼくは算数が好《す》きだ。（そして・すると）、国語も好《す》きだ。

とく点
点

2 □の言葉と同じ働《はたら》きをする言葉を、□から選《えら》んで書きましょう。（□の言葉は二回使ってもよい。）（一つ7点）

(1) 雨がふった。だから、洋服がぬれてしまった。（　　）

(2) 今日《きょう》は、学校が休みだ。けれど、図書館に行って勉強する。（　　）

(3) 父はテレビを買った。そして、車も買った。（　　）

(4) 部屋《へや》の電気をつけた。ところが、あまり明るくならない。（　　）

(5) のどがかわきました。ですから、お茶を飲みました。（　　）

それで ・ しかし ・ さらに

3 絵に合うように、次の言葉に続《つづ》けて、文を作りましょう。（一つ15点）

(1) だんボール箱《ばこ》は、とても重かった。

それで、持ち上げることができなかった。

(2) ぼくは、こづかいをもらった。

しかし、

(3) わたしは、りんごを食べた。

さらに、

60 文をつなぐ言葉③

一つの文の中で二つのことがらをつなぐ言葉

一つの文の中で、二つのことがらをつなぐこともできます。

雨がふった。
だから、かさをさした。
↓
雨がふった**ので**、かさをさした。

「だから」は、文を一度切ったあとでつないでいますが、「ので」は、一つの文の中でつないでいます。

読んでみよう

- 雨がふった。しかし、すぐに晴れた。
  雨がふった**が**、すぐに晴れた。
- バス停《てい》まで走った。でも、バスに乗れなかった。
  バス停《てい》まで走った**のに**、バスに乗れなかった。
- わたしはご飯《はん》が好《す》きだ。また、パンも好《す》きだ。
  わたしはご飯《はん》が好《す》きだ**し**、パンも好《す》きだ。

1 文に合うほうの言葉を、○で囲《かこ》みましょう。（一つ5点）

(1) 雪がたくさん積《つ》もった｛（ので）／のに｝、ぼくは雪だるまを作った。

(2) 大声で名前をよんだ｛ので／のに｝、弟は気がつかなかった。

(3) 朝食を食べた｛が／し｝、とてもおなかがすいている。

(4) ぼくには姉がいる｛ので／し｝、兄もいる。

とく点
点

2 （　）に合う言葉を、[　　]から選《えら》んで書きましょう。（[　　]の言葉は二回使ってもよい。）（一つ7点）

(1) 暑かった（ので）、上着をぬいだ。

(2) わたしは、走るのが好きだ（　　　）、泳ぐのも好きだ。

(3) 地図を持っている（　　　）、道にまよってしまった。

(4) 転んでけがをした（　　　）、すぐに病院に行った。

(5) 家に電話をかけた（　　　）、だれも出なかった。

[ので・のに・し]

3 ――の言葉を、〈　〉の言葉を使って、一つの文に書きかえましょう。（一つ15点）

(1) かぜを引いた。だから、熱《ねつ》が出た。〈ので〉

かぜを引いたので、熱が出た。

(2) ぼくは長い時間待っていた。しかし、友だちは来なかった。〈が〉

(3) この町には動物園がある。また、植物園もある。〈し〉

61 いろいろな言い方①

ふつうの言い方とていねいな言い方

文には、ふつうの言い方とていねいな言い方があります。

ジュースを**飲む**。（ふつうの言い方） ↓ ジュースを**飲みます**。（ていねいな言い方）	きょうは、**月曜日だ**。（ふつうの言い方） ↓ きょうは、**月曜日です**。（ていねいな言い方）

文の終わりの言い方を、「〜ます」「〜です」に変《か》えると、ていねいな言い方になります。

読んでみよう 左側《ひだりがわ》が、ていねいな言い方です。

- 野原を**走った**。／野原を**走りました**。
- 絵を**かくか**。／絵を**かきますか**。
- 大きな**魚だった**。／大きな**魚でした**。
- 山には**登らない**。／山には**登りません**。

1 ——の言葉が、ていねいな言い方の文に、○をつけましょう。（一つ4点）

(1)
（　）プールで泳ぐ。
（　）プールで泳ぎます。

(2)
（　）これは、いちょうの葉です。
（　）これは、いちょうの葉だ。

(3)
（　）わたしは図書委員になった。
（　）わたしは図書委員になりました。

(4)
（　）辞典《じてん》の使い方を知っているか。
（　）辞典《じてん》の使い方を知っていますか。

(5)
（　）ここで遊んではいけません。
（　）ここで遊んではいけない。

とく点
点

2 ――の言葉をていねいな言い方に書きかえましょう。（一つ8点）

〈れい〉 学校へ行く。
↓
（行きます）

(1) 家の前で遊ぶ。
↓
（　　　　）

(2) 東京《とうきょう》は、日本《にっぽん》の首都だ。
↓
（　　　　）

(3) ぼくは、坂道で転んだ。
↓
（　　　　）

(4) あの女の人を知っているか。
↓
（　　　　）

(5) 友だちの悪口は言わない。
↓
（　　　　）

3 次の文を、ふつうの言い方はていねいな言い方に、ていねいな言い方はふつうの言い方に書きかえましょう。（一つ8点）

(1) ぼくには、弟がいる。
（　　　　）

(2) これは、松《まつ》の木だ。
（　　　　）

(3) ピアノを習っていますか。
（　　　　）

(4) ぼくは、大声で泣《な》かない。
（　　　　）

(5) あの島は、無人島《むじんとう》です。
（　　　　）

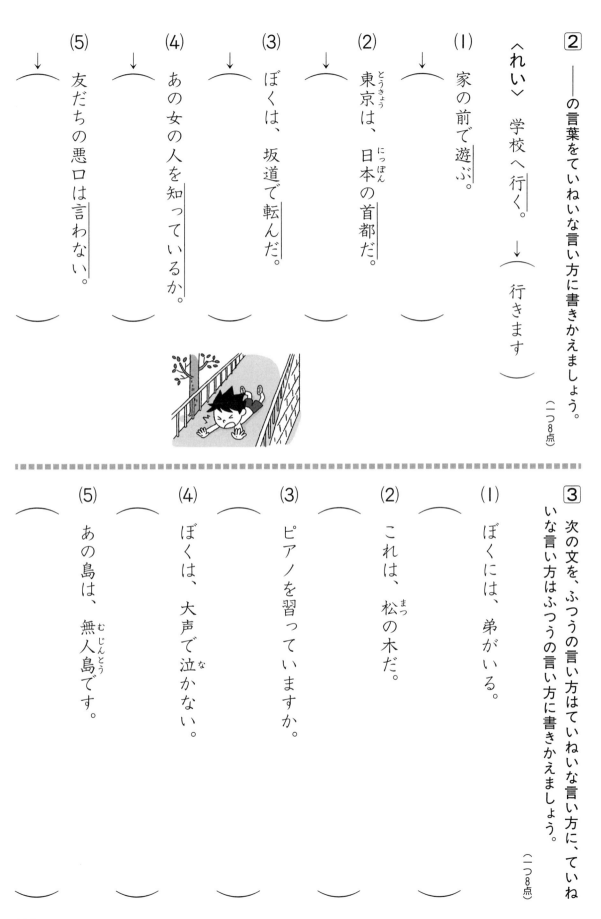

62 いろいろな言い方②

人から聞いた言い方と様子をおし量《はか》る言い方

文の終わりの形を変《か》えると、いろいろな言い方の文になります。

①人から聞いた言い方。

友人が入院した。

↓

入院した**そうだ**。

入院した**ということだ**。

②様子をおし量《はか》る言い方。

花がさく。

↓

さく**だろう**。

さく**ようだ**。

さく**らしい**。

さき**そうだ**。

「そうだ」は使い方によって、①と②のどちらかを意味します。使い分けに注意しましょう。

読んでみよう 「そうだ」の使い分け。

- 今日《きょう》は暑い**そうだ**。（人から聞いた言い方）
- 今日《きょう》は暑**そうだ**。（様子をおし量《はか》る言い方）

1 人から聞いた言い方の文に、○をつけましょう。（一つ4点）

(1)
- （　）姉は、買い物に出かけたそうだ。
- （　）姉は、買い物に出かけたようだ。

(2)
- （　）たけし君が負けるだろう。
- （　）たけし君が負けたそうだ。

(3)
- （　）家族で旅行に行くらしい。
- （　）家族で旅行に行くということだ。

(4)
- （　）今日《きょう》、雨がふるそうだ。
- （　）今日《きょう》、雨がふりそうだ。

(5)
- （　）さくらの花がさくそうだ。
- （　）さくらの花がさきそうだ。

とく点　　点

2 ――の言葉を、「そうだ」を使って、人から聞いた言い方に書きかえましょう。（一つ8点）

〈れい〉 あきら君は犬をかっている。
（かっているそうだ）

(1) 母は、新しいくつを買った。
（　　　　　）

(2) このジュースはとてもおいしい。
（　　　　　）

(3) よしお君は、電車で学校に通っている。
（　　　　　）

(4) 今日《きょう》は、参観日《さんかんび》だ。
（　　　　　）

(5) 今年《ことし》初《はじ》めて雪がふった。
（　　　　　）

3 ――の言葉を、〈　〉の言葉を使って、様子をおし量《はか》る言い方に書きかえましょう。（一つ8点）

〈れい〉 妹は学校へ行く。〈だろう〉
（行くだろう）

(1) 家の外は寒い。〈だろう〉
（　　　　　）

(2) 父は、庭に木を植える。〈ようだ〉
（　　　　　）

(3) 母は、朝からずっとおこっている。〈ようだ〉
（　　　　　）

(4) クラスに、転校生が来る。〈らしい〉
（　　　　　）

(5) 湖に、白鳥がいる。〈らしい〉
（　　　　　）

63 いろいろな言い方③

そのほかの言い方

62回（124ページ）の言い方のほかにも、次のようなものがあります。

①命令《めいれい》する言い方。
サラダを食べなさい。

②希望《きぼう》する言い方。
サラダを食べたい。

③たのむ言い方。
サラダを食べてください。

④さそう言い方。
サラダを食べましょう。

⑤たずねる言い方。
サラダを食べますか。

□の言葉をつけると、①〜⑤の言い方の文になります。

1 〈 〉の言い方の文に、○をつけましょう。（一つ5点）

(1) 〈命令《めいれい》する言い方〉
（○）校庭に集まりなさい。
（　）校庭に集まってください。

(2) 〈希望《きぼう》する言い方〉
（　）小さな命を救《すく》いましょう。
（　）小さな命を救《すく》いたい。

(3) 〈たのむ言い方〉
（　）今日《きょう》、電話をかけてください。
（　）今日《きょう》、電話をかけますか。

(4) 〈たずねる言い方〉
（　）牛《ぎゅう》にゅうを飲みますか。
（　）牛《ぎゅう》にゅうを飲みなさい。

とく点
点

2 ——の言葉を、〈　〉の言い方にかえます。[　]から選《えら》んで書きましょう。（一つ10点）

(1) はさみを使う。→（　　）
〈命令《めいれい》する言い方〉

使いなさい・使いますか

(2) 前に進む。→（　　）
〈希望《きぼう》する言い方〉

進みましょう・進みたい

(3) 話を聞きます。→（　　）
〈たずねる言い方〉

聞きますか・聞きなさい

(4) 広場で遊ぶ。→（　　）
〈さそう言い方〉

遊びたい・遊びましょう

3 ——の言葉を、〈　〉の言い方に、書きかえましょう。（一つ8点）

〈れい〉 朝食を食べる。**〈命令《めいれい》する言い方〉**（食べなさい）

(1) 部屋《へや》で勉強を始める。**〈命令《めいれい》する言い方〉**（　　）

(2) 飛行機《ひこうき》に乗る。**〈希望《きぼう》する言い方〉**（　　）

(3) 近くのごみを拾う。**〈たのむ言い方〉**（　　）

(4) 急いで学校に行く。**〈さそう言い方〉**（　　）

(5) プールで泳ぐ。**〈たずねる言い方〉**（　　）

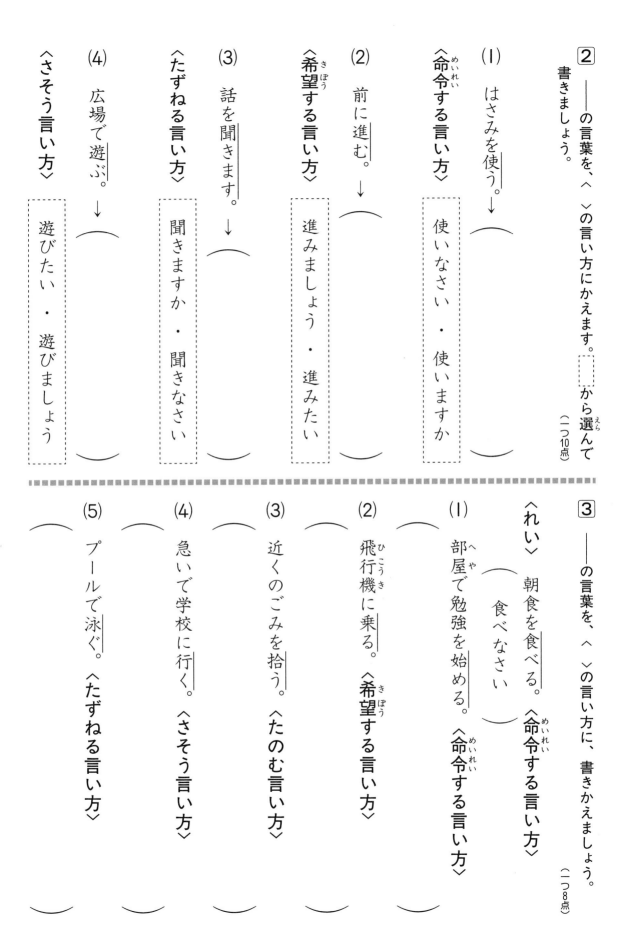

64 ふく習《しゅう》ドリル⑨

1 □の言葉と同じ働《はたら》きをする言葉を、┆┆から選《えら》んで書きましょう。（┆┆の言葉は二回使ってもよい。）（一つ5点）

(1) 台風で、庭木のえだが大きくゆれた。［けれど］、折《お》れなかった。（　　）

(2) 思い切り走った。［それで］、息が切れた。（　　）

(3) 姉はスポーツが得意《とくい》だ。［また］、勉強もよくできる。（　　）

(4) テストには自信《じしん》があった。［ところが］、あまり良《よ》い点数ではなかった。（　　）

だから・しかし・そして

2 （　）に合う言葉を、┆┆から選《えら》んで書きましょう。（┆┆の言葉は二回使ってもよい。）（一つ5点）

(1) 朝になった（　　）、空が明るくなった。

(2) 友だちとの別《わか》れは、悲しかった（　　）、さびしかった。

(3) 大きな声で歌った（　　）、だれも聞いてくれなかった。

(4) 遊園地で観《かん》らん車《しゃ》に乗った（　　）、お化けやしきにも入った。

のに・し・ので

とく点
点

3 次の文を、ふつうの言い方はていねいな言い方に、ていねいな言い方はふつうの言い方に書きかえましょう。（一つ6点）

(1) ぼくの兄は大学生だ。

（　　　　）

(2) 学級新聞を配ります。

（　　　　）

(3) わたしは絵をかかない。

（　　　　）

(4) 鳥の巣箱《すばこ》を作りました。

（　　　　）

(5) この曲を知っているか。

（　　　　）

4 ——の言葉を、〈　〉の言い方に、書きかえましょう。（一つ6点）

〈れい〉大きな声で歌う。**〈命令《めいれい》する言い方〉**

（歌いなさい）

(1) 特急《とっきゅう》列車に乗る。**〈さそう言い方〉**

（　　　　）

(2) かさをかす。**〈たのむ言い方〉**

（　　　　）

(3) たくさんの本を読む。**〈希望《きぼう》する言い方〉**

（　　　　）

(4) 朝ご飯《はん》を食べる。**〈命令《めいれい》する言い方〉**

（　　　　）

(5) 明日《あす》、プールへ行く。**〈たずねる言い方〉**

（　　　　）

65 テスト①

1 □と反対の意味の言葉を、（　）に書きましょう。（一つ5点）

(1) 寒い のので、ストーブをつける。
↔ （　　）ので、服を一まいぬぐ。

(2) ゆかさんに、えん筆《ぴつ》を 借《か》りる 。
↔ ぼくは、弟に辞典《じてん》を（　　）。

(3) 軽い かばんを持って歩く。
↔ （　　）テーブルを持ち上げる。

(4) 空港で、航空機《こうくうき》に 乗る 。
↔ 家の前で、車から（　　）。

2 ——の言葉の意味を、⬚から選《えら》んで、ア〜ウの記号を書きましょう。（一つ4点）

(1)（　）銀行で、貯金《ちょきん》をおろす。
(2)（　）バス停《てい》で、乗客をおろす。
(3)（　）いすにこしをおろす。

ア　乗り物から出す。
イ　お金を引き出す。
ウ　高い位置《いち》から低《ひく》い位置《いち》へうつす。

(4)（　）家族全員で朝食をとる。
(5)（　）山できのこをとる。

ア　さがして集める。
イ　記録《きろく》する。
ウ　食べる。

とく点
点

3 ——の言葉を、国語辞典《じてん》に出ている形（言い切りの形）に書きかえましょう。（一つ5点）

〈れい〉
先生と話した。→（話す）
あなは深かった。→（深い）

(1) 外はとても暑かった。（　　　）

(2) 悲しければ、泣《な》く。（　　　）

(3) 森に木を植えよう。（　　　）

(4) 手紙を送らない。（　　　）

(5) ぼくは足が速くない。（　　　）

(6) 料理《りょうり》に塩《しお》を加《くわ》えます。（　　　）

4 （　）に合う言葉を、□から選《えら》んで書きましょう。（一つ5点）

(1) 自分の弱点を言われて、（　　　）がいたい。

(2) むずかしい問題に、（　　　）をかかえる。

(3) ぼくは、あまいものには（　　　）がない。

(4) （　　　）を長くして、姉の帰りを待つ。

(5) 悲しいニュースに、（　　　）がいたむ。

(6) （　　　）が軽い人には、話したくない。

耳・首・頭・むね・目・口

66 テスト②

（4は「ローマ字」の単元《たんげん》につき、横書きです。）

とく点

点

1 同じ部首の漢字を書きましょう。

(1) □《ぶ》事《じ》に□《ねつ》が下がった。

(2) 畑の野《や》□《さい》が□《め》を出す。

(3) 人《じん》□《るい》の平和を□《ねが》う。

(4) □《き》□《かい》を使って、品物を生産《せいさん》する。

(5) 家の周《しゅう》□《へん》を配《はい》□《たつ》する。

（一字2点）

2 次の漢字に、[ ]の漢字を組み合わせて言葉を作ります。[ ]から漢字を選《えら》んで、□に書きましょう。

（一つ3点）

(1) □側・□側・側□

(2) 重□・重□・重□

(3) 未□□・未□□

(4) 不□□・不□□

(5) □□的・□□的

荷・右・両・立体・成年《せいねん》・自由

面・要・量・公平・発表・積極《せっきょく》

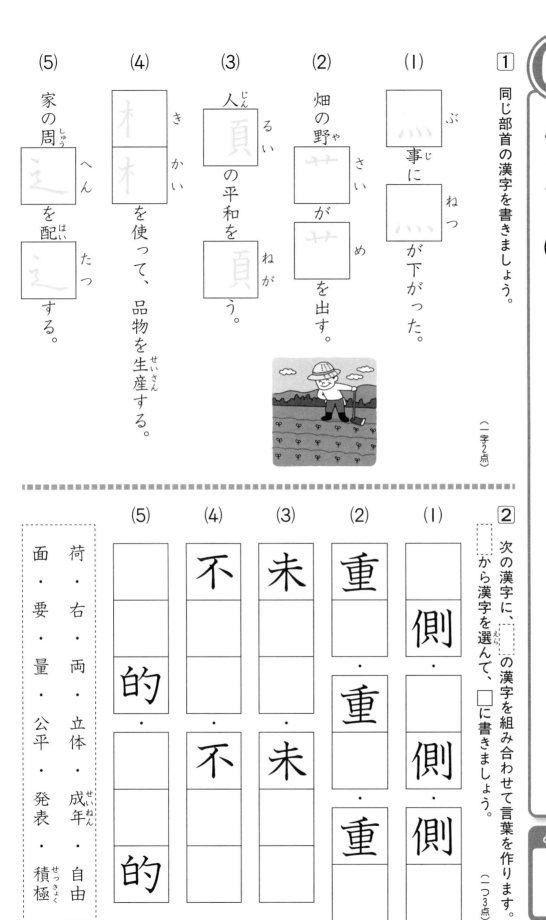

3 次の文にあてはまる漢字辞典《じてん》の引き方を［　］から選《えら》んで、記号を書きましょう。（一つ4点）

(1) 漢字の読み方がわかるとき。……（　　）

(2) 漢字の部首がわかるとき。……（　　）

(3) 部首も読み方もわからないとき。……（　　）

(4) 「好」の部首「女（おんなへん）」を知っているとき。……（　　）

(5) 「好」の訓《くん》読《よ》み「す（く）」を知っているとき。……（　　）

ア　部首引き
イ　音訓《おんくん》引き
ウ　総画《そうかく》引き

4 次の言葉を，ローマ字で書きましょう。（1つ3点）

(1) うめ

(2) きもの

(3) ぼうし

(4) らっぱ

(5) ほんや

(6) でんしゃ

(7) たなか　けんいち

(8) ほっかいどう

67 テスト③

1 送りがなに注意して、――の漢字の読みがなを書きましょう。（一つ3点）

(1)
むねが苦しい。（　）
苦いお茶。（　）

(2)
国を治める。（　）
きずが治る。（　）

(3)
細い道路。（　）
細かい部品。（　）

(4)
朝、目が覚める。（　）
漢字を覚える。（　）

(5)
体が冷える。（　）
料理《りょうり》が冷める。（　）

(6)
英会話《えいかいわ》を教わる。（　）
道を教える。（　）

2 ――の言葉（しゅうしょく語《ご》）がくわしくしている言葉を書きましょう。（一つ4点）

(1) わたしは、暗い道を歩いた。（　）

(2) 冷《つめ》たい風が、ピューピューふく。（　）

(3) 美しい絵をじっと見る。（　）

(4) ぼくは、白くかべをぬった。（　）

(5) 昨日《きのう》、部屋《へや》で本を読んだ。（　）

とく点　　点

3 ――のこそあど言葉がさしていることがらを書きましょう。（一つ5点）

お父《とう》さんと、近くの公園を散歩《さんぽ》した。そこ(1)には、さくらの木がある。それ(2)は、五十年ほど前に植えられたそうだ。

(1)

(2)

駅前の本屋さんに行った。そこで(3)、わたしは、おもしろそうな本を買った。家に帰ったら、それ(4)を読もうと思った。

(3)

(4)

4 ――の言葉を、〈 〉の言葉を使って、一つの文に書きかえましょう。（一つ8点）

(1) ふろのお湯が熱《あつ》かった。〈ので〉
だから、水を入れた。

(2) 美しい花束《はなたば》をもらった。〈が〉
でも、すぐにかれてしまった。

(3) 動物園では、パンダを見た。〈し〉
また、ライオンも見た。

答え

- 文や文章を使った問題では、文章中の言葉を正《せい》かいとしています。
- れい の答えでは、にた内ようが書けていれば正《せい》かいです。
- 〈 〉は、ほかの答え方です。
- 言葉を書く問題や、漢字の書きの問題では、全部書けて一つの正《せい》かいとなります。

1 仲間《なかま》の言葉① 2・3ページ

1 (1)先生 (2)海岸 (3)歩道 (4)金曜日
(5)列車

2 (1)一万円 (2)鼻 (3)台所 (4)駅
(5)市区町村

3 (1)ーイ (2)ーエ (3)ーウ (4)ーア

4 信号

2 仲間《なかま》の言葉② 4・5ページ

1 (1)北風 (2)元気 (3)古本 (4)汽車
(5)平和

2 (1)悲しい (2)体育 (3)工場 (4)市長

3 (1)ーエ (2)ーア (3)ーウ (4)ーイ

4 (1)残念 (2)反省 (3)感動

3 反対の意味の言葉 6・7ページ

1 (1)寒い (2)高い (3)負ける (4)終わる
(5)おりる (6)苦手

2 (1)軽い (2)寒い (3)終わる (4)負ける

3 (1)わたしは本をかす。
田中さんは本を借りる。

(2)れい ぼくはバスをおりる。
女の子はバスに乗る。

(3)れい わたしは重い箱を持つ。
妹は軽い箱を持つ。

(4)れい ぼくは冷たい水を飲む。
父は熱いコーヒーを飲む。

4 にた意味の言葉 8・9ページ

1 (1)しゃべる (2)かわいがる (3)負ける
(4)告げる (5)短所

2 (1)知らせる (2)しゃべる (3)にくい
(4)どなる

3 (1)からかう (2)おもしろい
(3)かわいがる (4)話す

5 ふく習《しゅう》ドリル① 10・11ページ

1 (1)道路 (2)血管 (3)海岸 (4)一兆円

2 (1)登校 (2)兵隊 (3)工場 (4)笑う

3 (1)軽い (2)寒い (3)低い (4)始まる
(5)勝つ (6)苦手

4 (1)楽しい (2)知らせる (3)きらい
(4)敗れる

6 動きや様子を表す言葉① 12・13ページ

1 (1)書く (2)乗る (3)働く (4)美しい
(5)速い

2 (1)運ぶ (2)育てる (3)美しい
(4)楽しい

3 (1)ぼくは日記を書く。
(2)れい わたしはトランプで遊ぶ。
(3)れい たかし君は足が速い。
(4)れい まりさんはかみの毛が短い。

7 動きや様子を表す言葉② 14・15ページ

1 (右から)(1)さ・し・そ
(2)ば・べ・ん (3)ら・り・っ
(4)か・け・こ

2 (1)拾っ (2)待て (3)返そ (4)住み (5)泳い

3 (1) 包み／包ん (2) 送れ／送ら (3) 使っ／使い (4) 守ら／守ろ

8 動きや様子を表す言葉③ 16・17ページ

1 (右から)(1)かっ・く・けれ
(2)かっ・く・い (3)かっ・く・い
(4)かっ・く・けれ

2 (1)安けれ (2)悪い (3)親しい
(4)美しかっ (5)暗く

3 (1) 近かっ／近けれ (2) 暑かっ／暑けれ (3) 明るい／明るく
(4) 苦しかっ／苦しく

9 動きの様子をくわしくする言葉 18・19ページ

1 (1)ピヨピヨ (2)きらきら (3)ゆっくり (4)とても (5)いつも

2 (1)ザーザー (2)つるつる (3)メーメー (4)たっぷり (5)ふわふわ (6)ガチャン

3 (1)強い風がビュービューふく。
(2)[れい]小さな男の子がにっこり笑う。
(3)[れい]ぼくはときどき絵をかく。
(4)[れい]わたしはいつも七時に起きる。

10 言葉のいろいろな使い方 20・21ページ

1 (1)（ ）（◎） (2)（◎）（ ） (3)（◎）（ ） (4)（ ）（◎）

2 (1)（◎）（ ） (2)（ ）（◎） (3)（◎）（ ） (4)（ ）（◎）

3 (1)イ (2)ア (3)ウ (4)ウ (5)ア (6)イ

11 ふく習《しゅう》ドリル② 22・23ページ

1 (1)泳ぎ (2)送っ (3)使え (4)遊ぼ (5)動か

2 (1) 安く／安い (2) 暗く／暗けれ (3) 親しかっ／親しく (4) 美しく／美しい

3 (1)ドンドン (2)ニャーニャー (3)にっこり (4)すやすや (5)ふわふわ (6)くるくる

4 (1)イ (2)ウ (3)ア (4)イ (5)ア (6)ウ

12 組み合わせた言葉① 24・25ページ

1 (1)紙しばい (2)朝ご飯 (3)輪投げ (4)大男 (5)受け入れる (6)とびはねる

2 (1)近い (2)赤信号 (3)あらう (4)分ける (5)走り回る (6)苦しい (7)コップ

3 (1)弟はジュースを飲み終える。
(2)[れい]ねこがへいからとび下りる。
(3)[れい]犬が野原を走り回る。
(4)[れい]ぼくは新聞紙を折りたたむ。

13 組み合わせた言葉② 26・27ページ

1 (1)たからばこ (2)あまぐも (3)なきごえ (4)ふなたび (5)わらいがお (6)あしぶみ

2 (1)かぜ (2)こや (3)くちぶえ (4)はたけ (5)あまがさ (6)くだりざか (7)くつ

3 (1)おおぞら (2)かなもの (3)さかや (4)しらなみ (5)かざむき (6)うたごえ (7)のぼりざか

14 国語辞《じ》典《てん》の使い方① 28・29ページ

1 (1)（◎）（ ） (2)（◎）（ ） (3)（ ）（◎） (4)（◎）（ ） (5)（ ）（◎） (6)（◎）（ ） (7)（◎）（ ） (8)（◎）（ ）

2 (1)（1）（2） (2)（1）（2） (3)（2）（1） (4)（1）（2） (5)（1）（2）（3） (6)（1）（3）（2） (7)（1）（3）（2） (8)（3）（2）（1）

15 国語辞《じ》典《てん》の使い方② 30・31ページ

1 (1)（ ）（◎） (2)（ ）（◎） (3)（ ）（◎） (4)（◎）（ ）

2 (1)習う (2)苦い (3)乗る (4)寒い (5)話す (6)遠い

3 (1)登る (2)晴れる (3)美しい (4)乗る (5)転ぶ (6)小さい

16 国語辞《じ》典《てん》の使い方③ 32・33ページ

1 (1)（ ）（◎） (2)（ ）（◎） (3)（◎）（ ） (4)（◎）（ ）

2 (1)（ ）（◎） (2)（ ）（◎） (3)（◎）（ ）（ ） (4)（ ）（ ）（◎）

3 (1)ア (2)イ (3)イ (4)ア (5)ア (6)イ

17 決まった言い方をする言葉① 34・35ページ

1 (1)目 (2)首 (3)耳 (4)頭 (5)むね

2 (1)した (2)目 (3)首 (4)歯 (5)耳

3 (1)目を引く (2)耳がいたい (3)目がない (4)目が回る (5)むねがいたむ

18 決まった言い方をする言葉② 36・37ページ

1 (1)（〇）（ ） (2)（ ）（〇） (3)（〇）（ ） (4)（ ）（〇）
2 (1)イ (2)オ (3)エ (4)ア (5)ウ
3 (1)羽 (2)さば (3)道草 (4)話 (5)うなぎ (6)図

19 ふく習《しゅう》ドリル③ 38・39ページ

1 (1)ふね (2)かなもの (3)あめ (4)くつ (5)かざぐるま (6)さか
2 (1)（2）（3）（1） (2)（3）（1）（2） (3)（1）（2）（3） (4)（3）（1）（2） (5)（1）（3）（2） (6)（2）（1）（3）
3 (1)深い (2)言う (3)悲しい (4)高い (5)歌う (6)落ちる
4 (1)水 (2)気 (3)図 (4)首 (5)歯

20 同じ部首の漢字① 40・41ページ

1 (1)位・億 (2)約・給 (3)径・徒 (4)隊・陸 (5)機械・材
2 (1)敗・散 (2)願・類 (3)別・刷 (4)勉・功 (5)種・積 (6)健・候
3 (1)材・械 (2)類・願 (3)陸・隊 (4)億・健 (5)刷・別 (6)散・敗

21 同じ部首の漢字② 42・43ページ

1 (1)害・完 (2)英・芸 (3)管・節 (4)者・老 (5)照・熱
2 (1)息・念 (2)康・底 (3)官・察 (4)笑・箱 (5)芽・菜 (6)然・無
3 (1)菜・芽 (2)老・者 (3)然・熱 (4)察・完 (5)笑・節 (6)底・康

22 同じ部首の漢字③ 44・45ページ

1 (1)選・達 (2)建 (3)回・固 (4)開・関 (5)街
2 (1)辺・連 (2)建 (3)開・関 (4)街 (5)固・回 (6)進・速
3 (1)辺・達 (2)連・選 (3)回・固 (4)開・関 (5)進・速

23 部首の意味 46・47ページ

1 (1)手 (2)水 (3)土 (4)木 (5)人
2 (1)投・打・折 (2)清・浴・浅 (3)議・説・試 (4)銀・鉄・鏡
3 (1)水 (2)土 (3)木 (4)言 (5)金 (6)手

24 漢字の成《な》り立《た》ち 48・49ページ

1 (1)日 (2)雨 (3)目 (4)木
2 (1)木 (2)山 (3)月 (4)木
3 (1)口 (2)手 (3)火 (4)鳥 (5)子 (6)角 (7)上 (8)下 (9)本 (10)末
4 (1)岩 (2)鳴 (3)相 (4)聞
5 （上が意味、下が音《おん》） (1)木・反 (2)日・青 (3)口・未

25 漢字のいろいろな読み方 50・51ページ

1 (1)しょう／まつ (2)えん／しお (3)ぞく／つづ (4)よう／やしな (5)りょう／よ (6)き／はた
2 (1)たん／みじか (2)そく／たば (3)ぱ／なみ (4)ぜん／まった (5)しん／み (6)じ／ごと (7)ぞく／つづ (8)き／はた
3 (1)かいりょう／よ (2)ようぶん／やしな (3)しょくえん／しお (4)しょう／まつ (5)けっそく／はなたば

26 形のにた漢字① 52・53ページ

1 (1)末 (2)各 (3)考 (4)札 (5)巣
2 (1)共／兵 (2)宮／官 (3)氏／民 (4)果／単 (5)失／夫 (6)未／末
3 (1)…失札（礼）です。 (2)…果（巣）を作っている。

(3)…考［老］人ホームを…。
(4)…全国名［各］地を…。
(5)…矢［失］敗して…。

27 形のにた漢字② 54・55ページ

1 (1)建 (2)郡 (3)季 (4)愛 (5)低

2 (1)令・冷 (2)清・静 (3)緑・録 (4)要・票 (5)浅・残 (6)去・法

3 (1)…郡［群］れを…。 (2)…学級季［委］員に…。 (3)…建［健］康だ。 (4)…海低［底］に…。 (5)…緑［録］音した。

28 ふく習《しゅう》ドリル④ 56・57ページ

1 (1)手 (2)土 (3)水 (4)言 (5)金

2 (1)しょう・まつ (2)やしな・ようぶん (3)よ・かいりょう (4)はなたば・けっそく

3 (1)候・億 (2)散・敗 (3)察・完 (4)底・康 (5)選・辺 (6)固・回

4 (1)…週来［末］…。 (2)…参老［考］書を…。 (3)…千円礼［札］を…。 (4)寒い委［季］節に…。 (5)…高校愛［受］験の…。

29 同じ読み方の漢字① 58・59ページ

1 (1)参 (2)改 (3)協 (4)察 (5)辞

2 (1)以・位 (2)英・栄 (3)観・完 (4)康・好 (5)司・試 (6)児・治

3 (1)…生参［産］している。 (2)…機会［械］です。 (3)…望遠競［鏡］で…。 (4)山の天好［候］は…。 (5)…試験官［管］を…。

30 同じ読み方の漢字② 60・61ページ

1 (1)折 (2)成 (3)低 (4)良 (5)例

2 (1)唱・省 (2)争・倉 (3)不・付 (4)要・養 (5)量・漁 (6)令・冷

3 (1)合照［唱］…。 (2)…反清［省］会を…。 (3)…想［相］談が…。 (4)…京都付［府］へ…。 (5)失冷［礼］な…。

31 同じ読み方の漢字③ 62・63ページ

1 (1)熱 (2)代 (3)付 (4)量 (5)始

2 (1)上・挙 (2)差・指 (3)覚・冷 (4)直・治 (5)計・量 (6)回・周

3 (1)…熱［暑］いので…。 (2)…代［変］わりやすい。 (3)…直［治］す。 (4)…付［着］いたら…。 (5)…始［初］めに…。

32 漢字を組み合わせた言葉① 64・65ページ

1 (1)荷 (2)右 (3)節 (4)近 (5)建

2 (1)しょくぶつ・ものがたり (2)そくめん・みなみがわ (3)せつやく・いっせつ (4)しゅうへん・きんぺん (5)たてもの・にもつ (6)せっすい・きせつ

3 (1)近・海・岸 (2)建・荷・食 (3)科学・積極 (4)注意・気味 (5)成年・完成

※3は、漢字と言葉のじゅんじょがちがっても正かいです。

33 漢字を組み合わせた言葉② 66・67ページ

1 (1)（ ）（○） (2)（○）（ ） (3)（ ）（○） (4)（○）（ ）

2 (1)イ (2)イ (3)イ (4)ア

3 (1)①用 ②決 ③手 (2)①急 ②行 ③一

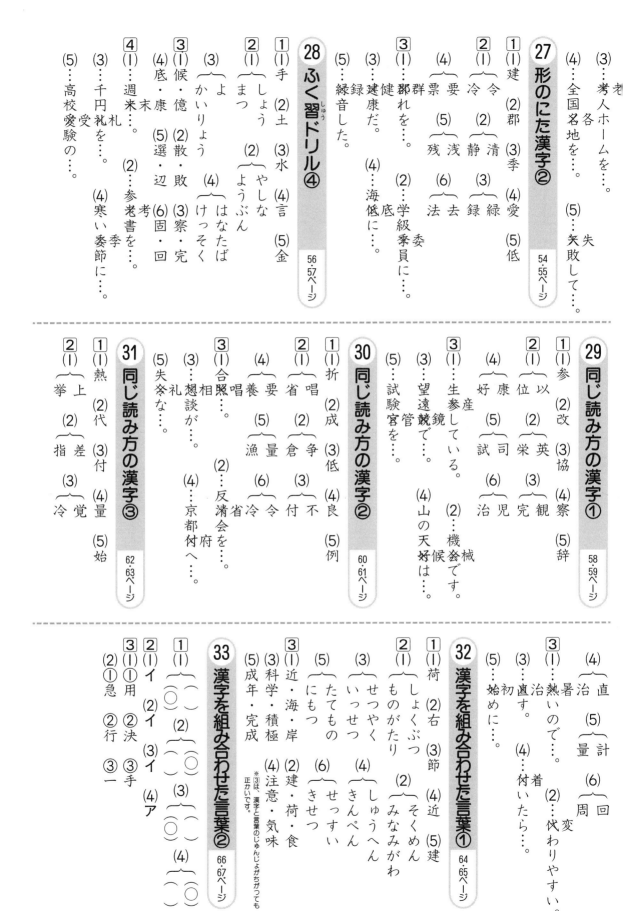

34 漢字を組み合わせた言葉③ 68・69ページ

1 (1)低 (2)始 (3)敗 (4)暗
2 (1)冷 (2)好 (3)働 (4)化
3 (1)明暗・勝敗 (2)変化・労働
(3)流星・鉄板 (4)無害・未定
※3は、言葉のじゅんじょがちがっても正かいです。
4 (1)低 (2)短 (3)始 (4)弱
5 (1)多数・たすう (2)鉄板・てっぱん
(3)海底・かいてい

35 ふく習《しゅう》ドリル⑤ 70・71ページ

1 (1)以 位 (2)司 試 (3)争 倉
(4)付 不 (5)治 直 (6)冷 覚
2 (1)…~~感~~関心がある。 (2)…機~~会~~械を…。
(3)…~~要~~養分を…。 (4)弟に~~変~~代わって…。
(5)…~~熱~~暑いので…。
3 (1)①付 ②用 ③決
(2)①風 ②調 ③温
4 (1)明暗・強弱 (2)労働・良好
(3)流星・多数 (4)無害・未定
※4は、言葉のじゅんじょがちがっても正かいです。

36 漢字辞《じ》典《てん》の使い方① 72・73ページ

1 (1)× (2)× (3)○ (4)○
2 (1)10 (2)6 (3)音ばい・訓うめ
(4)①木 ②実
※2(1)・(2)の画数は、漢数字で書いても正かいです。

37 漢字辞《じ》典《てん》の使い方② 74・75ページ

1 (1)音訓さく引 (2)部首さく引
(3)総画さく引
2 (1)ア (2)イ (3)ウ (4)ア (5)ウ

38 漢字辞《じ》典《てん》の使い方③ 76・77ページ

1 (上が部首、下が部首名)
(1)氵・さんずい
(2)亻〈人〉・にんべん〈ひと〉
(3)頁・おおがい (4)宀・うかんむり
(5)辶・しんにょう〈しんにゅう〉
(6)言・ごんべん〈いう〉
※部首名は、漢字じてんによってことなることがあります。
2 (上が部首、下が部首の画数)
(1)扌・3 (2)土〈土〉・3 (3)口・3
(4)艹・3 (5)刂〈刀〉・2 (6)門・8
3 (1)4 (2)5 (3)7 (4)5 (5)10 (6)14
※2・3の画数は、漢数字で書いても正かいです。
4 (1) 3 4 1 2
(2) 4 1 3 2
(3) 4 3 1 2
(4) 2 3 4 1

39 ローマ字① 78・79ページ

1 (1)かき (2)ねこ (3)とり (4)いぬ
(5)めだか (6)らくだ
2 (1)ume (2)ika
(3)ono (4)kawa
(5)kimono (6)megane
(7)origami
(8)yukidaruma

40 ローマ字② 80・81ページ

1 (1)ぼうし (2)おじいさん (3)らっぱ
(4)ざっし (5)いしゃ (6)でんしゃ
(7)ほんや (8)でんえん
2 (1)kôri (2)gakkô
(3)matti (4)tyawan
3 (1)okâsan (2)sekken
(3)omotyaya 〈omochaya〉
(4)kin'yôbi (5)yûbinkyoku

41 ローマ字③ 82・83ページ

1 (1)しか (2)つめ (3)わし
(4)じゅうどう (5)しぶや
(6)ひめじ (7)ふくしま

2 (1) Tanaka Ken'iti
〈Tanaka Ken'ichi〉
(2) Katô Mayumi

3 (1) Tôkyô (2) Nippon
(3) Hokkaidô (4) Ôsaka

42 ふく習《しゅう》ドリル⑥ 84・85ページ

1 (上が部首、下が部首の画数)
(1)土〈土〉・3 (2)口・3 (3)⺮〈竹〉・6
(4)糸・6 (5)門・8 (6)頁・9

※1の画数は、漢数字で書いても正かいです。

2
(1) (1) (2) (3) (4)
(2) (1) (4) (2) (3)
(3) (2) (4) (3) (1)
(4) (3) (1) (2) (4)

※3・4はローマ字の単元につき、答えも横書きです。

3 (1)けいと (2)めだか (3)おかあさん
(4)がっこう (5)でんしゃ (6)こんや
(7)ぎゅうにゅう

4 (1) kuma (2) rakuda (3) kôri
(4) sekken (5) syasin 〈shashin〉
(6) hon'ya (7) takkyû
(8) kin'yôbi (9) senpûki
(10) bon'odori

43 送りがな① 86・87ページ

1 (1)なお おさ (2)おし おそ (3)にが くる
(4)さ ひ (5)さ おぼ (6)ほそ こま

2 (1)せ (2)し (3)なる (4)たす (5)く
(6)も (7)みる (8)める

3 (1)働く (2)勇ましい (3)最も
(4)伝える (5)連なる

44 送りがな② 88・89ページ

1 (1)①ば ②び ③べ ④ん
(2)①き ②きる ③きれ ④き

2 (1)①かっ ②く ③い ④けれ
(2)①しかっ ②しく ③しい ④しけれ

3 (1)①勝ち ②勝て
(2)①安かっ ②安けれ
(3)①親しく ②親しい

45 符号《ふごう》の使い方① 90・91ページ

1 (1)ねこが、…鳴いた。
(2)ぼくは、…起きた。
(3)今日、…行きます。
(4)…着くと、…待っていた。
(5)…引いたので、…休んだ。
(6)…飲んだが、…下がらない。

2 (1)…歩いている。
(2)…行った。
(3)…帰ってくる。
(4)…ふっていた。
(5)…持ってもらった。
(6)雪がふった。でも…

3 (1)一週間前、…
(2)きれいな鳥が、…
(3)お茶を買うと、…
(4)電話をかけたが、…
(5)…買ってもらったので、…
(6)…。でも、…

46 符号《ふごう》の使い方② 92・93ページ

1 (1)「おはよう。」
(2)「どうしたの。」
(3)「ご飯を残さず食べなさい。」

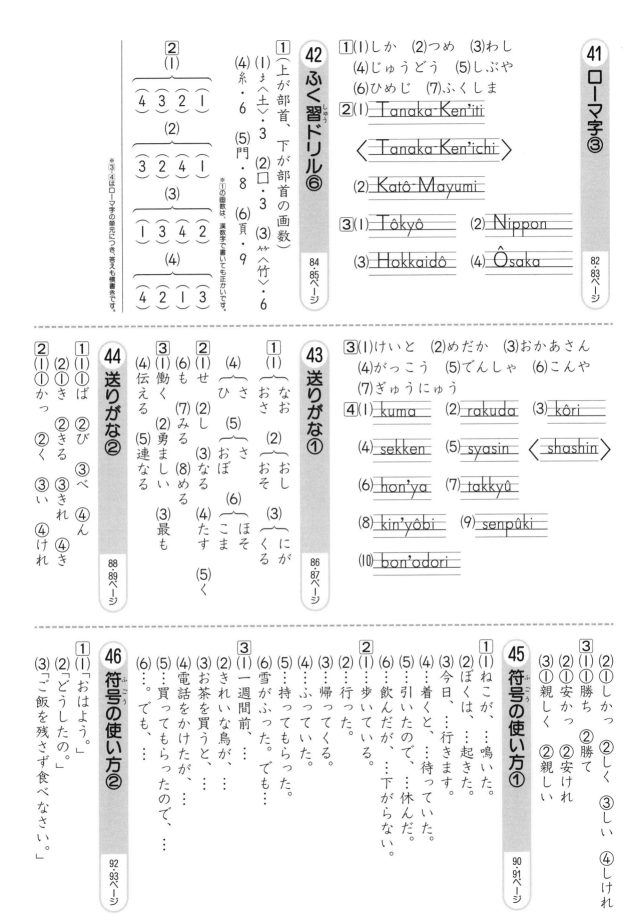

(4)「いっしょに歌いましょう。」

2 (1)ここでは、きものをぬぐ。
(2)ここで、はきものをぬぐ。
(3)わたし、ねころんだの。
(4)ぼく、はブラシを使うよ。
(5)わたしは、いしゃになりたい。

3 (1)
　あやさんは、

「どうも、ありがとう」。

と、お礼を言いました。

(2)
「どこへ行くの」。

と、お父さんが聞いた。

「まさお君の家だよ」。

と、ぼくは答えた。

47 符号《ふごう》の使い方③ 94・95ページ

1 (1)（◎）（　） (2)（　）（◎） (3)（◎）（　）

2 (1)（◎）（　） (2)（　）（◎） (3)（◎）（　）

3 (1)「第五回合唱コンクール」
(2)「どこへ行ったのだろう。」
(3)「イソップ童話」
(4)「もの・お金・労力などを、使ってなくすこと。」

48 ふく習《しゅう》ドリル⑦ 96・97ページ

1 (1)なる (2)く (3)える (4)も (5)める (6)ましい (7)い

2 (1)①遊び ②遊ぼ

(2)①低けれ ②低かっ
(3)①親しく ②親しく

3
　わたしは、
「運動会が楽しみだね」。
と言った。まきさんは、
「きんちょうする」。
と答えた。なぜなら、ま
きさんはリレーの選手だ
からだ。

4 (1)「イソップ童話」
(2)「こまったなあ。」
(3)「たまねぎをみじん切りにしてください。」
(4)「第二回緑町運動会」

49 文の組み立て① 98・99ページ

1 (1)（◎）（　） (2)（　）（◎） (3)（◎）（　） (4)（　）（◎）

2 (1)鳴く (2)[れい]飲む (3)[れい]泳ぐ (4)[れい]飛ぶ (5)[れい]走る

3 (1)長い (2)温かい (3)暗い (4)重い

50 文の組み立て② 100・101ページ

1 (1)朝顔だ (2)一年生だ (3)水族館だ (4)農家だ

2 (1)ある (2)いる (3)いる (4)ある

3 (1)ねずみが (2)着る (3)美しい (4)学級委員だ

4 (1)さるが木に登る。
(2)[れい]ぼくの兄は中学生だ。
(3)[れい]ねこのしっぽは長い。
(4)[れい]家の庭にぶらんこがある。

51 くわしくする言葉① 102・103ページ

1 (1)皿 (2)しっぽ (3)ふろしき (4)水 (5)写真

2 (1)ほえる (2)ふく (3)ねる (4)笑う (5)走る

3 (1)寒い・ぶるぶる (2)熱い・たっぷり (3)小さい・ひらひら

52 くわしくする言葉② 104・105ページ

1 (1)電車 (2)雨 (3)漢字 (4)部屋 (5)屋根

2 (1)走る (2)書く (3)たたく (4)ふる (5)読む

3 (1)暗い夜道を歩く。
(2)[れい]深いプールで泳ぐ。
(3)たいこを強くたたく。
(4)[れい]かべを白くぬる。

53 くわしくする言葉③ 106・107ページ

1 (1)昨日 (2)明日 (3)今日 (4)朝 (5)一時間前

2 (1)庭で (2)部屋で (3)博物館で (4)港で (5)神社で

3 (1)父が、台所で夕食を作った。
(2)[れい]わたしは、湖でボートに乗る。

こそあど言葉・文をつなぐ言葉 などの答え（解答ページ）

（53 のつづき）
(3)れい 自動車が、交差点で止まる。
(4)れい ぼくは、花屋さんで花束を買った。

---

54 こそあど言葉① 108・109ページ
1 (1)あれ (2)この (3)どの (4)そこ (5)あそこ (6)こちら (7)そちら (8)どんな
2 (1)これ (2)あの (3)そこ (4)どれ
3 (1)あそこ (2)それ (3)こちら (4)この

55 こそあど言葉② 110・111ページ
1 (1)それ (2)そこ (3)それ
2 (1)そこ (2)その
3 (1)それ (2)その (3)それ

56 こそあど言葉③ 112・113ページ
1 (1)(○) (2)( )(○) (3)( )(○)
2 (1)そこ (2)その
3 (1)それは、兄のものだ。
(2)れい それで、月のクレーターを見た。
(3)れい そこで、やまゆりの絵をかいた。

57 ふく習ドリル⑧ 114・115ページ
1 （上が主語、下がじゅつ語）
(1)弟は・二年生だ (2)お母さんは・作る (3)はと・食べる (4)かみの毛は・長い
2 (1)新しいくつ (2)大きな病院 (3)昔住んでいた家 (4)わたしのかいた絵
3 (1)陸上の大会 (2)家庭用品の店 (3)じょうぶな木材
(1)箱 (2)ご飯 (3)文章 (4)ふった
3 (1)魚 (2)道 (3)洋服 (4)泣く (5)読む
4 (1)算数の教科書 (2)古い神社 (3)カレーライス (4)自動車の工場

---

58 文をつなぐ言葉① 116・117ページ
1 (1)だから (2)でも (3)だから (4)また (5)また
2 (1)だから (2)でも (3)また (4)でも
3 (1)れい だから、早く起きた。
(2)れい でも、早く起きなかった。

59 文をつなぐ言葉② 118・119ページ
1 (1)だから (2)でも (3)だから (4)また
2 (1)だから (2)でも
3 (1)れい だから、おなかがいっぱいだ。
(2)れい また、ドーナツも食べた。

60 文をつなぐ言葉③ 120・121ページ
1 (1)それで (2)そして (3)けれど
2 (1)それで (2)しかし (3)さらに (4)しかし (5)それで
3 (1)れい それで、持ち上げることができなかった。
(2)れい しかし、使わないで貯金した。
(3)れい さらに、バナナも食べた。
(1)ので (2)し (3)のに (4)ので (5)のに
(1)ので (2)のに (3)が (4)し
(1)れい かぜを引いたので、熱が出た。
(2)れい ぼくは長い時間待っていたが、友だちは来なかった。
(3)れい この町には動物園があるし、植物園もある。

---

61 いろいろな言い方① 122・123ページ
1 (1)(○)( ) (2)( )(○) (3)(○)( ) (4)( )(○) (5)( )(○)
2 (1)遊びます (2)首都です (3)転びました (4)知っていますか (5)言いません
3 (1)ぼくには、弟がいます。
(2)これは、松の木です。
(3)ピアノを習っているか。
(4)ぼくは、大声で泣きません。
(5)あの島は、無人島だ。

62 いろいろな言い方② 124・125ページ
1 (1)( ) (2)(○) (3)(○) (4)(○) (5)( )
2 (1)買ったそうだ (2)おいしいそうだ (3)通っているそうだ

(4)参観日だそうだ　(5)ふったそうだ

3 (1)寒いだろう　(2)植えるようだ
(3)おこっているようだ　(4)来るらしい
(5)いるらしい

63 いろいろな言い方③　126・127ページ

1 (1)（○）（　）　(2)（　）（○）　(3)（○）（　）　(4)（○）（　）

2 (1)使いなさい　(2)進みたい
(3)聞きますか　(4)遊びましょう

3 (1)れい 始めなさい〈始めろ〉
(2)れい 乗りたい
(3)れい 拾ってください〈拾ってくれ〉
(4)れい 行きましょう〈行こう〉
(5)れい 泳ぎますか〈泳ぐか・泳ぐの〉

64 ふく習《しゅう》ドリル⑨　128・129ページ

1 (1)しかし　(2)だから　(3)そして　(4)しかし

2 (1)ので　(2)し　(3)のに　(4)し

3 (1)ぼくの兄は大学生です。
(2)学級新聞を配る。
(3)わたしは絵をかきません。
(4)鳥の巣箱を作った。
(5)この曲を知っていますか。

4 (1)れい 乗りましょう〈乗ろう〉
(2)れい かしてください〈かしてくれ〉
(3)れい 読みたい
(4)れい 食べなさい〈食べろ〉
(5)れい 行きますか〈行くか・行くの〉

65 テスト①　130・131ページ

1 (1)暑い　(2)かす　(3)重い　(4)おりる

2 (1)イ　(2)ア　(3)ウ　(4)ウ　(5)ア

3 (1)暑い　(2)悲しい　(3)植える　(4)送る
(5)速い　(6)加える

4 (1)耳　(2)頭　(3)目　(4)首　(5)むね　(6)口

66 テスト②　132・133ページ

1 (1)無・熱　(2)菜・芽　(3)類・願
(4)機械　(5)辺・達

2 (1)右・両・面　(2)荷・要・量
(3)成年・発表　(4)自由・公平
(5)立体・積極

※2は、漢字と言葉のじゅんじょがちがっても正かいです。

3 (1)イ　(2)ア　(3)ウ　(4)ア　(5)イ

※4はローマ字の単元につき、答えも横書きです。

4 (1) ume　(2) kimono
(3) bôsi 〈bôshi〉
(4) rappa　(5) hon'ya
(6) densya 〈densha〉
(7) Tanaka-Ken'iti
〈Tanaka-Ken'ichi〉
(8) Hokkaidô 〈HOKKAIDÔ〉

67 テスト③　134・135ページ

1 (1)（くる）（にが）　(2)（おさ）（なお）　(3)（ほそ）（こま）
(4)（さ）（おぼ）　(5)（ひ）（さ）　(6)（おそ）（おし）

2 (1)道　(2)風　(3)見る　(4)ぬった
(5)読んだ

3 (1)近くの公園　(2)さくらの木
(3)駅前の本屋さん
(4)おもしろそうな本

4 (1)ふろのお湯が熱かったので、水を入れた。
(2)美しい花束をもらったが、すぐにかれてしまった。
(3)動物園では、パンダを見たし、ライオンも見た。